Learn Danish with the Snow Queen

HypLern Interlinear Project
www.hyplern.com

First edition: 2025, August

Author: Hans Christian Andersen
Translation: Kees van den End
Foreword: Camilo Andrés Bonilla Carvajal PhD

ISBN: 978-1-988830-29-2

kees@hyplern.com
www.hyplern.com

Learn Danish with the Snow Queen

Interlinear Danish to English

Author
Hans Christian Andersen

Translation
Kees van den End

HypLern Interlinear Project
www.hyplern.com

The HypLern Method

Learning a foreign language should not mean leafing through page after page in a bilingual dictionary until one's fingertips begin to hurt. Quite the contrary, through everyday language use, friendly reading, and direct exposure to the language we can get well on our way towards mastery of the vocabulary and grammar needed to read native texts. In this manner, learners can be successful in the foreign language without too much study of grammar paradigms or rules. Indeed, Seneca expresses in his sixth epistle that "Longum iter est per praecepta, breve et efficax per exempla[1]."

The HypLern series constitutes an effort to provide a highly effective tool for experiential foreign language learning. Those who are genuinely interested in utilizing original literary works to learn a foreign language do not have to use conventional graded texts or adapted versions for novice readers. The former only distort the actual essence of literary works, while the latter are highly reduced in vocabulary and relevant content. This collection aims to bring the lively experience of reading stories as directly told by their very authors to foreign language learners.

Most excited adult language learners will at some point seek their teachers' guidance on the process of learning to read in the foreign language rather than seeking out external opinions. However, both teachers and learners lack a general reading technique or strategy. Oftentimes, students undertake the reading task equipped with nothing more than a bilingual dictionary, a grammar book, and lots of courage. These efforts often end in frustration as the student builds mis-constructed nonsensical sentences after many hours spent on an aimless translation drill.

Consequently, we have decided to develop this series of interlinear translations intended to afford a comprehensive edition of unabridged texts. These texts are presented as they were originally written with no changes in word choice or order. As a result, we have a translated piece conveying the true meaning under every word from the original work. Our readers receive then two books in just one volume: the original version and its translation.

The reading task is no longer a laborious exercise of patiently decoding unclear and seemingly complex paragraphs. What's more, reading becomes an enjoyable and meaningful process of cultural, philosophical and linguistic learning. Independent learners can then acquire expressions and vocabulary while understanding pragmatic and socio-cultural dimensions of the target language by reading in it rather than reading about it.

Our proposal, however, does not claim to be a novelty. Interlinear translation is as old as the Spanish tongue, e.g. "glosses of [Saint] Emilianus", interlinear bibles in Old German, and of course James Hamilton's work in the 1800s. About the latter, we remind the readers, that as a revolutionary freethinker he promoted the publication of Greco-Roman classic works and further pieces in diverse languages. His effort, such as ours, sought to lighten the exhausting task of looking words up in large glossaries as an educational practice: "if there is any thing which fills reflecting men with melancholy and regret, it is the waste of mortal time, parental money, and puerile happiness, in the present method of pursuing Latin and Greek[2]".

Additionally, another influential figure in the same line of thought as Hamilton was John Locke. Locke was also the philosopher and translator of the Fabulae AEsopi in an interlinear plan. In 1600, he was already suggesting that interlinear texts, everyday communication, and use of the target language could be the most appropriate ways to achieve language learning:

> ...the true and genuine Way, and that which I would propose, not only as the easiest and best, wherein a Child might, without pains or Chiding, get a Language which others are wont to be whipt for at School six or seven Years together...[3]

---

1 "The journey is long through precepts, but brief and effective through examples". Seneca, Lucius Annaeus. (1961) Ad Lucilium Epistulae Morales, vol. I. London: W. Heinemann.

2 In: Hamilton, James (1829?) History, principles, practice and results of the Hamiltonian system, with answers to the Edinburgh and Westminster reviews; A lecture delivered at Liverpool; and instructions for the use of the books published on the system. Londres: W. Aylott and Co., 8, Pater Noster Row. p. 29.

3 In: Locke, John. (1693) Some thoughts concerning education. Londres: A. and J. Churchill. pp. 196-7.

Who can benefit from this edition?

We identify three kinds of readers, namely, those who take this work as a search tool, those who want to learn a language by reading authentic materials, and those attempting to read writers in their original language. The HypLern collection constitutes a very effective instrument for all of them.

1. For the first target audience, this edition represents a search tool to connect their mother tongue with that of the writer's. Therefore, they have the opportunity to read over an original literary work in an enriching and certain manner.
2. For the second group, reading every word or idiomatic expression in its actual context of use will yield a strong association between the form, the collocation, and the context. This will have a direct impact on long term learning of passive vocabulary, gradually building genuine reading ability in the original language. This book is an ideal companion not only to independent learners but also to those who take lessons with a teacher. At the same time, the continuous feeling of achievement produced during the process of reading original authors both stimulates and empowers the learner to study[1].
3. Finally, the third kind of reader will notice the same benefits as the previous ones. The proximity of a word and its translation in our interlinear texts is a step further from other collections, such as the Loeb Classical Library. Although their works might be considered the most famous in this genre, the presentation of texts on opposite pages hinders the immediate link between words and their semantic equivalence in our native tongue (or one we have a strong mastery of).

---

1   Some further ways of using the present work include:

1. As you progress through the stories, focus less on the lower line (the English translation). Instead, try to read through the upper line, staying in the foreign language as long as possible.
2. Even if you find glosses or explanatory footnotes about the mechanics of the language, you should make your own hypotheses on word formation and syntactical functions in a sentence. Feel confident about inferring your own language rules and test them progressively. You can also take notes concerning those idiomatic expressions or special language usage that calls your attention for later study.
3. As soon as you finish each text, check the reading in the original version (with no interlinear or parallel translation). This will fulfil the main goal of this

collection: bridging the gap between readers and original literary works, training them to read directly and independently.

Why interlinear?

Conventionally speaking, tiresome reading in tricky and exhausting circumstances has been the common definition of learning by texts. This collection offers a friendly reading format where the language is not a stumbling block anymore. Contrastively, our collection presents a language as a vehicle through which readers can attain and understand their authors' written ideas.

While learning to read, most people are urged to use the dictionary and distinguish words from multiple entries. We help readers skip this step by providing the proper translation based on the surrounding context. In so doing, readers have the chance to invest energy and time in understanding the text and learning vocabulary; they read quickly and easily like a skilled horseman cantering through a book.

Thereby we stress the fact that our proposal is not new at all. Others have tried the same before, coming up with evident and substantial outcomes. Certainly, we are not pioneers in designing interlinear texts. Nonetheless, we are nowadays the only, and doubtless, the best, in providing you with interlinear foreign language texts.

Handling instructions

Using this book is very easy. Each text should be read at least three times in order to explore the whole potential of the method. The first phase is devoted to comparing words in the foreign language to those in the mother tongue. This is to say, the upper line is contrasted to the lower line as the following example shows:

En	lille	dreng	og	en	lille	pige.
A	little	boy	and	a	little	girl

The second phase of reading focuses on capturing the meaning and sense of the original text. As readers gain practice with the method, they should be able to focus on the target language without getting distracted by the translation. New users of the method, however, may find it helpful to cover the translated lines with a piece of paper as illustrated in the image below. Subsequently, they try to understand the meaning of every word, phrase, and entire sentences in the target language itself, drawing on the translation only when necessary. In this phase, the reader should resist the temptation to look at the translation for every word. In doing so, they will find that they are able to understand a good portion of the text by reading directly in the target language, without the crutch of the translation. This is the skill we are looking to train: the ability to read and understand native materials and enjoy them as native speakers do, that being, directly in the original language.

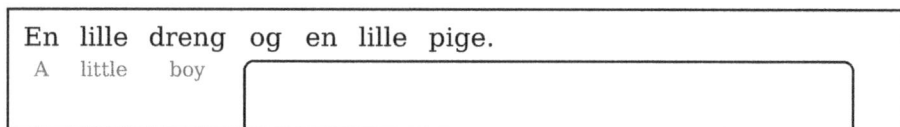

En lille dreng og en lille pige.		
A little boy		

In the final phase, readers will be able to understand the meaning of the text when reading it without additional help. There may be some less common words and phrases which have not cemented themselves yet in the reader's brain, but the majority of the story should not pose any problems. If desired, the reader can use an SRS or some other memorization method to learning these straggling words.

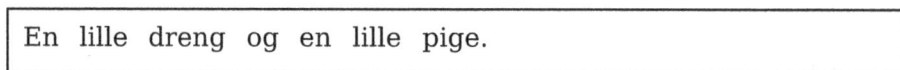

En lille dreng og en lille pige.

Above all, readers will not have to look every word up in a dictionary to read a text in the foreign language. This otherwise wasted time will be spent concentrating on their principal interest. These new readers will tackle authentic texts while learning their vocabulary and expressions to use in further communicative (written or oral) situations. This book is just one work from an overall series with the same purpose. It really helps those who are afraid of having "poor vocabulary" to feel confident about reading directly in the language. To all of them and to all of you, welcome to the amazing experience of living a foreign language!

Additional tools

Check out shop.hyplern.com or contact us at info@hyplern.com for free mp3s (if available) and free empty (untranslated) versions of the eBooks that we have on offer.

For some of the older eBooks and paperbacks we have Windows, iOS and Android apps available that, next to the interlinear format, allow for a pop-up format, where hovering over a word or clicking on it gives you its meaning. The apps also have any mp3s, if available, and integrated vocabulary practice.

Visit the site hyplern.com for the same functionality online. This is where we will be working non-stop to make all our material available in multiple formats, including audio where available, and vocabulary practice.

Table of Contents

Første historie

Første historie,
First   Story

der handler om spejlet og stumperne.
which treats about the mirror and the splinters
(is)

Se så! nu begynder vi. Når vi er ved enden af
See so now begin we When we are by the end of

historien, ved vi mere, end vi nu ved, for det
the story know we more than we now know for it

var en ond trold! det var en af de
was an evil troll it was one of the
(magical creature)

allerværste, det var "djævelen"! En dag var han i
all-worst it was the devil One day was he in

et rigtigt godt humør, thi han havde gjort et spejl,
a truly good mood as he had made a mirror

der havde den egenskab, at alt godt og smukt,
which had the characteristic that all good and beautiful

som spejlede sig deri, svandt der sammen til
that reflected itself there-in dwindled there together until

næsten ingenting, men hvad der ikke duede og
almost nothing but what there not good was and

tog sig ilde ud, det trådte ret frem og blev
took itself ill out that stepped right forward and became
looked ugly came out

endnu værre. De dejligste landskaber så ud
even worse The most beautiful landscapes looked out
()

deri som kogt spinat, og de bedste mennesker
there-in as cooked spinach and the best persons

blev ækle eller stod på hovedet uden mave,
became frightful or stood on the head without stomach

ansigterne blev så fordrejede, at de var ikke
faces became so distorted that they were not

til at kende, og havde man en fregne, så kunne
for to recognize and had one a freckle so could
recognizable

man være så vis på, at den løb ud over
one be so sure on (it) that it ran out over

næse og mund.
(the) nose and (the) mouth

Det var udmærket morsomt, sagde "djævelen." Gik
It was remarkably funny said the devil Went

der nu en god from tanke gennem et menneske,
there now a good pious thought through a person

da kom der et grin i spejlet, så trolddjævelen
then came there a smile in the mirror so the troll-devil

måtte le af sin kunstige opfindelse. Alle de
had to laugh from his slever invention All they

som gik i troldskole, for han holdt troldskole,
who went in (the) trollschool for he held (a) trollschool
(ran)

de fortalte rundt om, at der var sket et
they told round about that there was happened a

mirakel; nu kunne man først se, mente de,
miracle now could one first see thought they

hvorledes verden og menneskene rigtigt så ud.
how the world and the persons really saw out

De løb omkring med spejlet, og til sidst var
They ran around with the mirror and until last was

der ikke et land eller et menneske, uden at det
there not a land or a person without that it

havde været fordrejet deri. Nu ville de også
had been distorted there-in Now wanted they also

flyve op mod Himmelen selv for at gøre nar af
fly up to the Heaven itself for to make clown of
(fun)

englene og "Vorherre."
the angles and Our Lord

Jo højere de fløj med spejlet, des stærkere
Well higher they flew with the mirror the stronger
(The)

grinede det, de kunne næppe holde fast på det;
grinned it they could hardly hold fast on it

højere og højere fløj de, nærmere Gud og
higher and higher flew they closer to God and

englene; da sitrede spejlet så frygteligt i sit
the angels then shook the mirror so terribly in its

grin, at det fór dem ud af hænderne og
grin that it went them out of the hands and

styrtede ned mod jorden, hvor det gik i
crashed down towards the ground where it went in

hundrede millioner, billioner og endnu flere
hundreds (of) millions billions and even more

stykker, og da just gjorde det megen større
pieces and then precisely made it much stronger

ulykke end før; thi nogle stykker var knap så
bad luck than before since some pieces were just so

store som et sandkorn, og disse fløj rundt om i
large as a sand-grain and these flew round about in

den vide verden, og hvor de kom folk i øjnene,
the wide world and where they came people in the eyes

der blev de siddende, og da så de mennesker
there stayed they sitting and then saw the people

alting forkert, eller havde kun øjne for hvad der
everything wrong or had only eye for what there

var galt ved en ting, thi hvert lille spejlgran
was wrong with a thing since each little mirror-grain

havde beholdt samme kræfter, som det hele spejl
had kept (the) same power which the whole mirror

havde; nogle mennesker fik endogså en lille
had some people got then-also a little
(even)

spejlstump ind i hjertet, og så var det ganske
mirror-shard inside in the heart and so was that totally
(quite)

grueligt, det hjerte blev ligesom en klump is.
horrible the heart became like a lump (of) ice

Nogle spejlstykker var så store, at de blev
Some mirror-pieces were so big that they became

brugt til rudeglas, men gennem den rude var det
used for window-glass but through the pane was it

ikke værd at se sine venner; andre stykker kom i
not worth to see ones friends other pieces came in

briller, og så gik det dårligt, når folk tog de
glasses and so went it bad when people took the

briller på for ret at se og være retfærdige; den
glasses on for right to see and be just the

onde lo, så hans mave revnede, og det
evil laughed so his stomach cracked and it

kildede ham så dejligt. Men ude fløj endnu små
tickled him so beautiful But out flew still small

glasstumper om i luften. Nu skal vi høre!
glass-shards around in the air Now shall we hear

Anden historie

Anden historie.
Second story

En lille dreng og en lille pige.
A little boy and a little girl

Inde i den store by, hvor der er så mange
Inside in the large town where there are so many

huse og mennesker, så at der ikke bliver plads
houses and persons so that there not remains place

nok til, at alle folk kan få en lille have, og
enough for that all people can get a little garden and

hvor derfor de fleste må lade sig nøje
where therefore the most must let themselves please

med blomster i urtepotter, der var dog to
with flowers in herb pots there were however two

fattige børn som havde en have noget større
poor kids who had a garden somewhat bigger

end en urtepotte. De var ikke broder og søster,
than a herb pot They were not brother and sister

men de holdt lige så meget af hinanden, som om
but they held just so much of each other as if
loved

de var det. Forældrene boede lige op til
they were that The parents lived exactly opposite to

hinanden; de boede på to tagkamre; der, hvor
eachother they lived on two roof rooms there where
(attic rooms)

taget fra det ene nabohus stødte op til det
the roof from the one neighboring house bumped up to the

andet og vandrenden gik langs med tagskæggene,
other and water channel went along by the roof beams
(gutter)

der vendte fra hvert hus et lille vindue ud; man
there turned from each house a little window out one

behøvede kun at skræve over renden, så kunne
had only to cross over the gutter so could

man komme fra det ene vindue til det andet.
one come from the one window to the other

Forældrene havde udenfor hver en stor trækasse,
The parents had out for each a big wooden box

og i den voksede køkkenurter, som de brugte,
and in it grew kitchen herbs which they used

og et lille rosentræ; der var ét i hver kasse,
and a small rose tree there was one in each box

det voksede så velsignet. Nu fandt forældrene på
it grew so blessed Now found the parents on
(very well) Now the parents decided to

at stille kasserne således tværs over renden, at
to set the boxes so accross over the gutter that

de næsten nåede fra det ene vindue til det
they almost neared from the one window to the

andet og så ganske livagtig ud som to
other and saw very lively out as two
looked very lively

blomstervolde. Ærterankerne hang ned over
flowerwalls Pea tendrils hung down over

kasserne, og rosentræerne skød lange grene,
the boxes and the rose trees shot (up) long branches

snoede sig om vinduerne, bøjede sig
twined themselves around the windows bowed themselves

mod hinanden: Det var næsten som en æresport
towards eachother It was almost as an honor-gate

af grønt og af blomster. Da kasserne var meget
of green and of flowers Then the boxes were very
(Since)

høje, og børnene vidste, at de ikke måtte krybe
high and the children knew that they not must crawl

op, så fik de tit lov hver at stige ud til
up so got they often permission each to climb out to

hinanden, sidde på deres små skamler under
eachother sit on their small stools under

roserne, og der legede de nu så prægtigt.
the roses and there played they now so wonderfully

Om vinteren var jo den fornøjelse forbi.
In the winter was well the pleasure over

Vinduerne var tit ganske tilfrosne, men så
The windows were often quite frozen over but so

varmede de kobberskillinger på kakkelovnen, lagde
heated they copper shillings on the tile stove put

den hede skilling på den frosne rude, og så blev
the hot shilling on the frozen pane and so became

der et dejligt kighul, så rundt, så rundt; bag
it a beautiful peep-hole so round so round behind

ved tittede et velsignet mildt øje, et fra hvert
by looked a blessed mild eye and from each

vindue; det var den lille dreng og den lille pige.
window it was the little boy and the little girl

Han hed Kay og hun hed Gerda. Om
He was called Kay and she was called Gerda In

sommeren kunne de i ét spring komme til
the summer could they in one jump come to

hinanden, om vinteren måtte de først de mange
eachother in the winter must they first the many

trapper ned og de mange trapper op; ude føg
stairs down and the many stairs up outside drifted

sneen.
the snow

"Det er de hvide bier, som sværmer," sagde den
That are the white bees who swarm said the

gamle bedstemoder.
old grandmother

"Har de også en bidronning?" spurgte den lille
Have they also a beequeen asked the little

dreng, for han vidste, at imellem de virkelige
boy for he knew that in between the real

bier er der sådan en.
bees is there such one

"Det har de!" sagde bedstemoderen. "Hun flyver
That have they said the grandmother She flies

der, hvor de sværmer tættest! hun er størst af
there where the swarm (is) closest she is (the) biggest of

dem alle, og aldrig bliver hun stille på jorden,
them all and never becomes she quiet on the ground

hun flyver op igen i den sorte sky. Mangen
she flies up again in the black sky Many

vinternat flyver hun gennem byens gader og
(a) winternight flies she through the town's street and

kigger ind af vinduerne, og da fryser de så
peeks inside of the windows and then freeze they so

underligt, ligesom med blomster."
wondrous like with flowers

"Ja, det har jeg set!" sagde begge børnene og så
Yes that have I seen said both children and so

vidste de, at det var sandt.
knew they that it was true

"Kan snedronningen komme herind?" spurgte den
Can the snow queen come in here asked the

lille pige.
little girl

"Lad hende kun komme," sagde drengen, "så sætter
Let   her   only   come   said   the boy   so   put

jeg hende på den varme kakkelovn, og så smelter
I   her   on   the   warm   tile stove   and   so   melts

hun."
she

Men bedstemoderen glattede hans hår og fortalte
But   the grandmother   stroked   his   hair   and   told

andre historier.
other   stories

Om aftnen da den lille Kay var hjemme og
In   the evening   when   the   little   Kay   was   home   and

halv afklædt, krøb han op på stolen ved
half   undressed   crept (clambered)   he   up   on   the chair   by

vinduet og tittede ud af det lille hul; et par
the window   and   looked   out   of   the   little   hole   a   few

snefnug faldt derude, og en af disse, den
snow flakes   fell   out there   and   one   of   these   the

allerstørste, blev liggende på kanten af den ene
biggest remained lying on the side of the one

blomsterkasse; snefnugget voksede mere og mere,
blowerbox the snow flake grew more and more

den blev til sidst til et helt fruentimmer, klædt
it became to last to a whole lady dressed

i de fineste, hvide flor, der var som sammensat
in the finest white gauze which was like together-put

af millioner stjerneagtige fnug. Hun var så smuk
of millions star-like flakes She was so beautiful

og fin, men af is, den blændende, blinkende is,
and fine but of ice the dazzling sparkling ice

dog var hun levende; øjnene stirrede som to
though was she alive the eyes gazed as two

klare stjerner, men der var ingen ro eller hvile
clear stars but there was no peace or rest

i dem. Hun nikkede til vinduet og vinkede med
in them She nodded to the window and beckoned with

hånden. Den lille dreng blev forskrækket og
the hands — The — little — boy — became — scared — and

sprang ned af stolen, da var det, som der
jumped — down — from — the chair — then — was — it — as — there

udenfor fløj en stor fugl forbi vinduet.
outside — flew — a — large — bird — past — the window

Næste dag blev det klar frost, - og så kom
Next — day — became — it — clear — frost — — and — so — came
(The next) — — — — (sharp) — — — (then)

foråret, solen skinnede, det grønne pippede frem,
spring — the sun — shone — the — green — popped — out

svalerne byggede rede, vinduerne kom op, og de
the swallows — build — nests — the windows — came up — and — the
— — — — were opened

små børn sad igen i deres lille have højt oppe
little — children — sat — again — in — their — little — garden — high — up

i tagrenden over alle etagerne.
in — the roof gutter — over — all — the floors

Roserne blomstrede den sommer så mageløst; den
The roses — flowered — that — summer — so — match-less — the
— — — — — (unequaled)

lille pige havde lært en salme, og i den
little girl had learned a hymn and in it

stod der om roser, og ved de roser tænkte hun
stood there about roses and by the roses thought she
was written

på sine egne; og hun sang den for den lille dreng,
on her own and she sang it for the little boy

og han sang den med:
and he sang it along

"Roserne vokser i dale,
The roses grow in dales

der får vi barn Jesus i tale!"
there receive we children Jesus in tales

Og de små holdt hinanden i hænderne,
And the little ones held each other in the hands

kyssede roserne og så ind i Guds klare solskin
kissed the roses and so inside in Gods clear sunshine

og talte til det, som om Jesusbarnet var der. Hvor
and spoke to it as if the child Jesus was there How

det var dejlige sommerdage, hvor det var velsignet
it were beautiful summer days how it was blessed

at være ude ved de friske rosentræer, der aldrig
to be out with the fresh rose trees that never

syntes at ville holde op med at blomstre.
seemed to want hold up with to bloom
                  stop

Kay og Gerda sad og så i billedbogen med
Kay and Gerda sat and looked in the picture book with

dyr og fugle, da var det - klokken slog
animals and birds then was it the clock struck

akkurat fem på det store kirketårn, - at Kay
punctually five on the large church tower that Kay

sagde: "Av! det stak mig i hjertet! og nu fik jeg
said Ah it stung me in the heart and now got I

noget ind i øjet!"
something inside in the eye

Den lille pige tog ham om halsen; han plirede
The little girl took him around the neck he blinked

med øjnene; nej, der var ikke noget at se.
with the eyes no there was not anything to see

"Jeg tror, det er borte!" sagde han; men borte var
I believe it is gone said he but gone was

det ikke. Det var just sådant et af disse glaskorn,
it not It was just such one of these glass grains

der sprang fra spejlet, troldspejlet, vi husker
that sprang from the mirror the troll mirror we remember

det nok, det fæle glas, som gjorde at alt stort
it well the magic glass which made that all big

og godt, der afspejlede sig deri, blev småt
and good which mirrored itself in there became small

og hæsligt, men det onde og slette trådte
and ugly but the evil and bad stepped

ordentlig frem, og hver fejl ved en ting blev
clearly forth and each fault with a thing became

straks til at bemærke. Den stakkels Kay han
immediately for to notice The poor Kay he

havde også fået et gran lige ind i hjertet. Det
had also got a shard right inside in the heart It

ville snart blive ligesom en isklump. Nu gjorde
would soon become like a clump of ice Now did

det ikke ondt mere, men det var der.
it no pain (any)more but it was there

"Hvorfor græder du?" spurgte han.
Wherefore cry you asked he

"Så ser du styg ud! jeg fejler jo ikke noget! Fy!"
So see you ugly out I matter well not anything Pfew
you look ugly like that

råbte han lige med ét: "Den rose dér er
shouted he straight with one That rose there is
straight away

gnavet af en orm! og se, den dér er jo ganske
gnawed off a worm and see the one there is well wholly

skæv! det er i grunden nogle ækle roser! de
crooked that are in the ground some ugly roses they
basically

ligner kasserne, de står i!" og så stødte han
look like the boxes (that) they stand in and so kicked he

med foden hårdt imod kassen og rev de to
with the foot hard against the box and ripped the two

roser af.
roses off

"Kay, hvad gør du!" råbte den lille pige; og da
Kay what do you shouted the little girl and when
what are you doing

han så hendes forskrækkelse, rev han endnu en
he saw her fear ripped he again a

rose af og løb så ind af sit vindue bort fra den
rose off and ran so inside of his window away from the

velsignede lille Gerda.
dear little Gerda

Når hun siden kom med billedbogen, sagde han,
When she since came with the picture book said he
(after that)

at den var for pattebørn, og fortalte
that it was for todlers and told

bedstemoderen historier, kom han altid
the grandmother stories came he always

med et men - kunne han komme til det, så gik
with a but   could he come to it so went
interrupted her   if he succeeded

han bag efter hende, satte briller på og talte
he behind after her set glasses on and talked

ligesom hun; det var ganske akkurat, og så lo
like her it was very precise and so laughed

folk af ham. Han kunne snart tale og gå
people (because) of him He could soon speak and go
(walk)

efter alle mennesker i hele gaden. Alt, hvad
like all people in whole the street Everything what

der var aparte hos dem og ikke kønt, det vidste
it was peculiar by them and not nice that knew

Kay at gøre bagefter, og så sagde folk: "Det er
Kay to make behind after and so said people That is
imitate

bestemt et udmærket hoved, han har den dreng!"
surely a remarkable head he has the boy
(brain)

men det var det glas, han havde fået i øjet, det
but it was the glass he had gotten in the eye that

glas der sad i hjertet, derfor var det, han
glass that sat in the heart therefore was it he

drillede selv den lille Gerda, som med hele sin
teased even the little Gerda who with all her

sjæl holdt af ham.
soul held of him
    loved

Hans lege blev nu ganske anderledes end før,
His games became now all different than before

de var så forstandige: - En vinterdag, som
they were so intelligent One winterday as

snefnuggene føg, kom han med et stort
the snow flakes drifted came he with a large

brændglas, holdt sin blå frakkeflig ud og lod
fire-glass held his blue coat out and let
(magnifying glass)

snefnuggene falde på den.
the snow flakes fall on it

"Se nu i glasset, Gerda!" sagde han, og hvert
See now in the glass Gerda said he and each

snefnug   blev   meget   større   og   så   ud,   som   en
snow flake   became   much   bigger   and   saw   out   as   a
                                                      looked

prægtig   blomst   eller   en   tikantet   stjerne;   det   var
magnificent   flower   or   a   tensided   star   it   was

dejligt   at   se   på.
beautiful   to   look   at

"Ser   du,   hvor   kunstigt!"   sagde   Kay,   "det   er   meget
See   you   how   artful   said   Kay   that   is   much

interessantere   end   med   de   virkelige   blomster!   og
more interesting   than   with   the   real   flowers   and

der   er   ikke   en   eneste   fejl   ved   dem,   de   er
there   is   not   one   single   fault   with   them   they   are

ganske   akkurate,   når   de   blot   ikke   smelter!"
all   precise   when   they   just   not   melt

Lidt   efter   kom   Kay   med   store   handsker   og   sin
Little   after   came   Kay   with   large   hand-shoes   and   his
                                                      (gloves)

slæde   på   ryggen,   han   råbte   Gerda   lige   ind   i
sled   on   the back   he   shouted   Gerda   right   inside   in

ørene: "Jeg har fået lov at køre på den
the ears — I — have — gotten — permission — to — drive — on — the

store plads, hvor de andre leger!" og af sted var
large — place (square) — where — the — others — play — and — off — stead () — was

han.
he

Derhenne på pladsen bandt tit de kækkeste
There to — on — the place — bound — often — the — boldest

drenge deres slæde fast ved bondemandens vogn
boys — their — sled — fast — with — the farmer's — cart

og så kørte de et godt stykke med. Det gik just
and — so — drove — they — a — good — piece (stretch) — along — That — went (was) — just

lystigt. Som de bedst legede, kom der en stor
fun — As — they — best — played — came — there — a — big
Just as they had the most fun

slæde; den var ganske hvidmalet, og der sad i
sled — it — was — all — white painted — and — there — sat — in

den en, indsvøbt i en lodden hvid pels og
it — one (person) — in-swept (wrapped) — in — a — fur — white — coat — and

med hvid lodden hue; slæden kørte pladsen to
with white fur hat the sled drove the square two

gange rundt, og Kay fik gesvindt sin lille slæde
times round and Kay got quickly his little sled

bundet fast ved den, og nu kørte han med. Det
bound fast with it and now drove he along It

gik raskere og raskere lige ind i den næste
went faster and faster right inside in the next

gade; den, som kørte, drejede hovedet, nikkede
street the one who drove turned the head nodded

så venligt til Kay, det var ligesom om de kendte
so friendly to Kay that was like if they knew

hinanden; hver gang Kay ville løsne sin lille
each other each time Kay wanted to untie his little

slæde, nikkede personen igen, og så blev Kay
sled nodded the person again and so remained Kay

siddende; de kørte lige ud af byens port. Da
sitting they drove right out of the town's gate Then

begyndte sneen således at vælte ned, at den lille
began the snow so much to fall down that the little

dreng ikke kunne se en hånd for sig, men
boy not could see a hand before himself but

han fór af sted, da slap han hurtigt snoren, for
he carried of place then hit he hard the rope for
  drove on

at komme løs fra den store slæde, men det
to come loose from the big sled but it

hjalp ikke, hans lille køretøj hang fast, og det gik
helped not his little vehicle hung fast and that went

med vindens fart. Da råbte han ganske højt,
with the wind's speed Then shouted he all high
  very loud

men ingen hørte ham, og sneen føg og slæden
but no one heard him and the snow drifted and the sled

fløj af sted; imellem gav den et spring, det var,
flew off (the) spot in between gave it a jump it was
  drove on fast

som om han fór over grøfter og gærder. Han
as if he crossed over ditches and yards He

var — ganske — forskrækket, — han — ville — læse — sit
was — quite — scared — he — wanted — read — his
(repeat)

fadervor, — men — han — kunne — kun — huske
father-ours — but — he — could — only — remember
(Our Father who is in heaven)

den — store — tabel.
the — large — table
the multiplication table

Snefnuggene — blev — større — og — større, — til — sidst
The snow flakes — became — bigger — and — bigger — until — at last

så — de — ud, — som — store — hvide — høns; — med — ét
looked — they — out — as — large — white — chickens — with — one
()

sprang — de — til — side, — den — store — slæde — holdt, — og
jump — they — to — (the) side — the — big — sled — held — and
(stopped)

den — person, — som — kørte — i — den, — rejste — sig — op,
the — person — who — drove — in — it — rose — herself — up

pelsen — og — huen — var — af — bare — sne; — en — dame — var — det,
the coat — and — hat — were — of — bare — snow — a — lady — was — it

så — høj — og — rank, — så — skinnende — hvid, — det — var
so — tall — and — slender — so — shining — white — it — was

snedronningen.
the snow queen

"Vi er kommet godt frem!"   sagde   hun,
We   are   come   well forward   said   she
   We have made good progress

"men er det at fryse! kryb ind i min bjørnepels!"
but   is   it   to freeze crawl inside in   my   bear skin
   but it's quite cold

og hun satte ham i slæden hos sig,   slog
and she   set   him   in   the sled   with herself struck
   (wrapped)

pelsen om ham, det var, som om han sank i en
the coat around him   it   was   as   if   he   sank   in   a

snedrive.
snow drift

"Fryser du endnu!" spurgte hun, og så kyssede
Freeze   you   still   asked   she   and   so   kissed
   Are you still cold

hun ham på panden. Uh! det var koldere end is,
she   him   on the forehead Uh   that   was   colder   than ice

det gik ham lige ind til hans hjerte, der jo
it   went him   like inside to   his   heart   which well

dog   halvt   var   en   isklump;   det   var,   som   om   han
however   half   was   an   ice clump   it   was   as   if   he

skulle   dø;   -   men   kun   et   øjeblik,   så   gjorde   det
should   die   but   only   a   moment   then   did   it
  (felt)

just   godt;   han   mærkede   ikke   mere   til   kulden
just   good   he   noticed   not   (any)more   to   the cold
  ()

rundt   om.
round   about

"Min   slæde!   glem   ikke   min   slæde!"   det   huskede
My   sled   forget   not   my   sled   that   remembered

han   først   på;   og   den   blev   bundet   på   en   af   de
he   first   on   and   it   remained   bound   to   one   of   the

hvide   høns,   og   den   fløj   bagefter   med   slæden   på
white   chickens   and   it   flew   back after   with   the sled   on

ryggen.   Snedronningen   kyssede   Kay   endnu   en   gang,
the back   The snow queen   kissed   Kay   still   a   time

og   da   havde   han   glemt   lille   Gerda   og
and   then   had   he   forgotten   little   Gerda   and

bedstemoder og dem alle derhjemme.
grandmother and them all there at home

"Nu får du ikke flere kys!" sagde hun, "for så
Now get you not more kisses said she for so
(otherwise)

kyssede jeg dig ihjel!"
kiss I you to death

Kay så på hende, hun var så smuk, et
Kay looked at her she was so beautiful a

klogere, dejligere ansigt kunne han ikke tænke
more clever more beautiful face could he not think

sig, nu syntes hun ikke af is, som dengang
himself now felt he nothing of ice as that time

hun sad uden for vinduet og vinkede ad
she sat outside in front of the window and beckoned at

ham; for hans øjne var hun fuldkommen, han
him before his eyes was she perfect he

følte sig slet ikke bange, han fortalte hende at
felt himself at all not afraid he told her that

han kunne hovedregning, og det med brøk,
he could head-counting and that with fractions

landenes kvadratmil og "hvor mange indvånere,"
the countries' square miles and how many inhabitants

og hun smilte altid; da syntes han, det var
and she smiled always then felt he that was

dog ikke nok, hvad han vidste, og han så
however not enough what he knew and he looked

op i det store, store luftrum og hun fløj med
up in the big big airspace and she flew with

ham, fløj højt op på den sorte sky, og stormen
him flew high up at the black sky and the storm

susede og brusede, det var, som sang den gamle
swooshed and swished it was as sang it old

viser. De fløj over skove og søer, over have og
tunes They flew over forests and seas over gardens and

lande; nedenunder susede den kolde blæst, ulvene
lands down under sped the cold gale the wolves

hylede, sneen gnistrede, hen over den fløj de
howled the snow sparkled across over them flew the

sorte skrigende krager, men ovenover skinnede
black screaming crows but above over shone

månen så stor og klar, og på den så Kay den
the moon so big and clear and on it saw Kay the

lange, lange vinternat; om dagen sov han ved
long long winter night in the day slept he by

snedronningens fødder.
the snow queens feet

Tredje historie

Tredje historie.
Third   story

Blomsterhaven hos   konen,   som kunne trolddom.
The flower garden   with   the woman   who   could   magic
            (of)   (knew)

Men   hvorledes havde den lille Gerda det,   da   Kay
But   how   had   the   little   Gerda   it   when   Kay
            how was the little Gerda

ikke   mere   kom? Hvor var   han   dog?   - Ingen
not   (any)more   came   Where   was   he   though   No one

vidste det, ingen kunne give   besked.   Drengene
knew   it   no one   could   give   information   The boys

fortalte kun, at   de havde set ham binde sin lille
told   only   that   they   had   seen   him   bind   his   little

slæde til   en   prægtig stor, der kørte ind   i
sled   to   a   splendid   big one   that   drove   inside   in

gaden   og ud af byens   port. Ingen vidste, hvor
the street and out of the town's gate No one knew where

han var, mange tårer   flød,   den lille Gerda græd
he was many tears streamed the little Gerda cried

så dybt og længe; - så sagde de, at han var
so deep and long so said they that he was

død, han var sunket i floden, der løb tæt ved
dead he was sunk in the river that ran close by

byen; oh, det var ret lange, mørke vinterdage.
the town oh that were truly long dark winter days

Nu kom våren med varmere solskin.
Now came the spring with warmer sunshine

"Kay er død og borte!" sagde den lille Gerda.
Kay is dead and gone said the little Gerda

"Det tror jeg ikke!" sagde solskinnet.
That believe I not said the sunshine

"Han er død og borte!" sagde hun til svalerne.
He is dead and gone said she to the swallows

"Det tror jeg ikke!" svarede de, og til sidst
That believe I not answered they and at last

troede den lille Gerda det ikke heller.
believed the little Gerda it not either

"Jeg vil tage mine nye, røde sko på," sagde hun
I want take my new red shoes on said she
        (put)

en morgenstund, "dem Kay aldrig har set, og så
one morning hour the ones Kay never has seen and so

vil jeg gå ned til floden og spørge den ad!"
will I go down to the river and ask it to

Og det var ganske tidligt; hun kyssede den gamle
And that was very clear she kissed the old

bedstemoder, som sov, tog de røde sko på og
grandmother who slept took the red shoes on and
                                        (put)

gik ganske ene ud af porten til floden.
went all alone out of the gate to the river

"Er det sandt, at du har taget min lille
Is it true that you have taken my little

legebroder? Jeg vil forære dig mine røde sko,
play brother I want gift you my red shoes

dersom du vil give mig ham igen!"
if you will give me him again

Og bølgerne, syntes hun, nikkede så underligt; da
And the waves seemed her nodded so wondrous then

tog hun sine røde sko, det kæreste hun havde, og
took she her red shoes the dearest she had and

kastede dem begge to ud i floden, men de faldt
cast them both two out in the river but they fell

tæt inde ved bredden, og de små bølger bare
close inside to the shore and the small waves bore

dem straks i land til hende, det var ligesom
them immediately in land to her it was like

om floden ikke ville tage det kæreste hun
if the river not wanted to take the dearest she

havde, da den jo ikke havde den lille Kay; men
had then it well not had the little Kay but

hun troede nu, at hun ikke kastede skoene langt
she believed now that she not cast the shoes far

nok ud, og så krøb hun op i en båd, der lå
enough out and so crawled she up in a boat that lay

i sivene, hun gik helt ud i den yderste ende
in the rushes she went all out in the most far end

og kastede skoene; men båden var ikke bundet
and threw the shoes but the boat was not bound

fast, og ved den bevægelse, hun gjorde, gled
fast and by that movement (that) she made slid

den fra land; hun mærkede det og skyndte sig
it from land she noticed it and hasted herself

for at komme bort, men før hun nåede tilbage,
for to come away but before she reached (the) back

var båden over en alen ude, og nu gled den
was the boat over a yard out and now glided it

hurtigere af sted.
faster off (its) place

Da blev den lille Gerda ganske forskrækket og
Then became the little Gerda quite scared and

gav sig til at græde, men ingen hørte hende
gave herself for to cry but no one heard her

uden gråspurvene, og de kunne ikke bære
apart from the sparrows and they could not carry

hende i land, men de fløj langs med bredden og
her in land but they flew along with the shore and

sang, ligesom for at trøste hende: "Her er vi! her
sang like for to console her Here are we here

er vi!" Båden drev med strømmen; den lille
are we The boat floated with the stream the little

Gerda sad ganske stille i de bare strømper;
Gerda sat all quiet in the bare socks

hendes små røde sko flød bagefter, men de
her small red shoes floated back after but they

kunne ikke nå båden, den tog stærkere fart.
could not reach the boat it took (a) stronger run
                                     it went faster

Smukt var der på begge bredder, dejlige blomster,
Beautiful was it on both sides beautiful flowers

gamle træer og skrænter med får og køer, men
old trees and slopes with sheep and cows but

ikke et menneske at se.
not a person to see

"Måske bærer floden mig hen til lille Kay," tænkte
Perhaps carries the river me across to little Kay thought

Gerda og så blev hun i bedre humør, rejste
Gerda and so became she in better mood rose

sig op og så i mange timer på de smukke
herself up and looked in many hours at the beautiful

grønne bredder; så kom hun til en stor
green shores then came she to a large

kirsebærhave, hvor der var et lille hus med
cherry tree garden where there was a small house with

underlige røde og blå vinduer, forresten stråtag
wondrous red and blue windows for the rest (a) straw roof
(also)

og udenfor to træsoldater, som skuldrede
and outside two wooden soldiers who shouldered (their rifles)

for dem, der sejlede forbi.
for them that sailed past

Gerda råbte på dem, hun troede, at de var
Gerda shouted at them she believed that they were

levende, men de svarede naturligvis ikke; hun kom
alive but they answered of course not she came

dem ganske nær, floden drev båden lige ind
them quite clear the river drove the boat straight inside

imod land.
into land

Gerda råbte endnu højere, og så kom ud af
Gerda shouted even higher and so came out of
(louder)

huset en gammel, gammel kone, der støttede
the house an old old woman who supperted

sig på en krogkæp; hun havde en stor solhat på,
herself on a hookstick she had a large sunhat on

og den var bemalet med de dejligste blomster.
and it was painted with the most beautiful flowers

"Du lille stakkels barn!" sagde den gamle kone;
You little poor child said the old woman

"hvorledes er du dog kommet ud på den store,
how are you however come out on the large

stærke strøm, drevet langt ud i den vide verden!"
strong current driven far out in the wide world

og så gik den gamle kone helt ud i vandet,
and so went the old woman all out in the water

slog sin krogkæp fast i båden, trak den i land
struck her hooked stick fast in the boat pulled it in land

og løftede den lille Gerda ud.
and lifted the little Gerda out

Og Gerda var glad ved at komme på det tørre,
And Gerda was glad by to come on the dry (land)
(for)

men dog lidt bange for den fremmede, gamle
but however (a) little fear for the strange old

kone.
woman

"Kom dog og fortæl mig, hvem du er, og
Come though and tell me who you are and

hvorledes du kommer her!" sagde hun.
how you come here said she

Og Gerda fortalte hende alting; og den gamle
And Gerda told her everything and the old

rystede med hovedet og sagde "Hm! hm!" og da
shook with the head and said Hm hm and when

Gerda havde sagt hende alting og spurgt om
Gerda had told her everything and asked whether

hun ikke havde set lille Kay, sagde konen, at
she not had seen little Kay said the oman that

han var ikke kommet forbi, men han kom nok,
he was not come past but he came though

hun skulle bare ikke være bedrøvet, men smage
she should only not be sad but taste

hendes kirsebær, se hendes blomster, de var
her cherries see her flowers they were

smukkere end nogen billedbog, de kunne hver
most beautiful than some picture book they could each

fortælle en hel historie. Så tog hun Gerda ved
tell a whole history So took she Gerda by

hånden, de gik ind i det lille hus, og den
the hand they went inside in the little house and the

gamle kone lukkede døren af.
old woman closed the door off

Vinduerne sad så højt oppe og glassene var røde,
The windows sat so high up and the glasses were red

blå og gule; dagslyset skinnede så underligt
blue and gold the daylight shone so wondrous

derinde med alle kulører, men på bordet stod de
there in with all colors but on the table stood the

dejligste kirsebær, og Gerda spiste så mange
most beautiful cherries and Gerda ate so many

hun ville, for det turde hun. Og mens hun
she wanted for that might she And while that she

spiste, kæmmede den gamle kone hendes hår med
ate combed the old woman her hair with

en guldkam, og håret krøllede og skinnede så
a golden comb and the hair curled and shone so

dejligt gult rundt om det lille, venlige ansigt, der
beautiful gold round about the little friendly face that

var så rundt og så ud som en rose.
was so round and saw out like a rose
            looked

"Sådan en sød lille pige har jeg rigtig længtes
Such a sweet little girl have I really longed

efter," sagde den gamle. "Nu skal du se,
for said the old (woman) Now shall you see

hvor vi to godt skal komme ud af det!" og alt
how we two good shall come out of it and all
    how well we shall have it together

som hun kæmmede den lille Gerdas hår, glemte
as she combed the little Gerda's hair forgot

Gerda mere og mere sin plejebroder Kay; for den
Gerda more and more her foster brother Kay for the

gamle kone kunne trolddom, men en ond trold
old woman could magic but an evil troll
            (knew)

var hun ikke, hun troldede bare lidt for sin
was she not she magicked barely (a) little for her

egen fornøjelse, og nu ville hun gerne beholde
own pleasure and now wanted she eagerly keep

den lille Gerda. Derfor gik hun ud i haven,
the little Gerda Therefore went she out in the garden

strakte sin krogkæp ud mod alle rosentræerne,
reached her hooked stick out to all the rose trees

og, i hvor dejligt de blomstrede, sank de dog
and in where beautiful they flowered sand they though

alle ned i den sorte jord og man kunne ikke
all down into the black earth and one could not

se, hvor de havde stået. Den gamle var bange
see where they had stood The old (woman) was afraid

for, at når Gerda så roserne, skulle hun tænke
for thta when Gerda saw the roses should she think

på sine egne og da huske lille Kay og så løbe
on her own and then remember little Kay and so run
(of)

sin vej.
her way

Nu førte hun Gerda ud i blomsterhaven. - Nej!
Now carried she Gerda out in the flower garden No

hvor her var en duft og dejlighed! alle de
how here was a fragrance and beauty all the

tænkelige blomster, og det for enhver årstid,
thinkable flowers and that for every years-time
(imaginable) (season)

stod her i det prægtigste flor; ingen billedbog
stood here in the most beautiful flower no picture book

kunne være mere broget og smuk. Gerda sprang
could be more gay and beautiful Gerda jumped

af glæde, og legede, til solen gik ned bag de
of gladness and played until the sun went down behind the

høje kirsebærtræer, da fik hun en dejlig seng
high cherry trees then got she a beautiful bed

med røde silkedyner, de var stoppet med blå
with red silk duvet they were filled with blue

violer, og hun sov og drømte der så dejligt, som
violets and she slept and dreamed there so beautiful as

nogen dronning på sin bryllupsdag.
any queen on her wedding day

Næste dag kunne hun lege igen med blomsterne
(The) next day could she play again with the flowers

i det varme solskin, - således gik mange dage.
in the warm sunshine so went many days

Gerda kendte hver blomst, men i hvor mange
Gerda knew each flower but in how many

der var, syntes hun dog, at der manglede en,
there were felt she though that there missed one

men hvilken vidste hun ikke. Da sidder hun en
but which one knew she not Then sat she a

dag og ser på den gamle kones solhat med de
day and looked at the old woman's sun hat with the

malede blomster, og just den smukkeste der var
painted flowers and just the most beautiful there was

en rose. Den gamle havde glemt at få den af
a rose The old (woman) had forgotten to get it off

hatten, da hun fik de andre ned i jorden. Men
the hat when she got the others down in the earth But

således er det, ikke at have tankerne med sig!
such is it not to have thoughts with yourself
when your thoughts are not collected

"Hvad!" sagde Gerda, "er her ingen roser!" og
What said Gerda are here no roses and

sprang ind imellem bedene, søgte og søgte,
jumped into in between the beds searched and searched

men der var ingen at finde; da satte hun sig
but there were none to find then sat she herself

ned og græd, men hendes hede tårer faldt netop
down and cried but her hot tears fell just on

der, hvor et rosentræ var sunket, og da de
there where a rose tree was sunk and when the
(had)

varme tårer vandede jorden, skød træet med ét
warm tears watered the earth shot the tree with one
immediately

op, så blomstrende, som da det sank, og Gerda
up so flowering as when it sank and Gerda

omfavnede det, kyssede roserne og tænkte på de
hugged it kissed the roses and thought on the
(of)

dejlige roser hjemme og med dem på den lille
beautiful roses at home and with them on the little
(of)

Kay.
Kay

"Oh, hvor jeg er blevet sinket!" sagde den lille
Oh how I am remaned sunk said the little
(stuck)

pige. "Jeg skulle jo finde Kay! - Ved I ikke
girl I should well find Kay Know you not

hvor han er?" spurgte hun roserne. "Tror I at
where he is asked she the roses Believe you that

han er død og borte?"
he is dead and   gone

"Død er han ikke," sagde roserne. "Vi har jo været
Dead is he   not   said the roses We have well been

i jorden, der er alle de døde, men Kay var der
in the earth there are all the dead but Kay was there

ikke!"
 not

"Tak skal I have!" sagde den lille Gerda og hun
Thanks shall you have   said the little Gerda and she

gik hen til de andre blomster og så ind i
went away to the other flowers and looked inside in

deres kalk og spurgte: "Ved I ikke, hvor lille Kay
their cups and asked   Know you not where little Kay

er?"
 is

Men hver blomst stod i solen og drømte sit eget
But each flower stood in the sun and dreamed its own

eventyr	eller	historie,	af	dem	fik	lille	Gerda	så
adventure	or	story	of	them	got	little	Gerda	so

mange,	mange,	men	ingen	vidste	noget	om	Kay.
many	many	but	none	knew	anything	about	Kay

Og	hvad	sagde	da	ildliljen?
And	what	said	the	fire lilly
				(tiger lilly)

"Hører	du	trommen:	bum!	bum!	det	er	kun	to
Hear	you	the drums	boom	boom	that	is	only	two

toner,	altid	bum!	bum!	hør	kvindernes	sørgesang!
notes	always	boom	boom	here	the women's	sorrow song

hør	præsternes	råb!	-	I	sin	lange	røde	kjortel
hear	the priest's	shout		In	her	long	red	robe

står	hindukonen	på	bålet,	flammerne	slår	op
stands	the hindu woman	on	the stack	the flames	strike	up

om	hende	og	hendes	døde	mand;	men
around	her	and	her	dead	husband	but

hindukonen	tænker	på	den	levende	her	i
the hindu woman	thinks	on	the	living	here	in
		(on)				

kredsen, ham, hvis øjne brænder hedere end
the circle   him   whose   eyes   burn   hotter   than

flammerne, ham, hvis øjnes ild når mere hendes
flames   him   whose   eyes   burn   when   more   her

hjerte, end de flammer, som snart brænder hendes
heart   than   the   flames   who   soon   burn   her

legeme til aske. Kan hjertets flamme dø i
body   to   ashes   Can   hearts   flame   die   in

bålets flammer?"
the (fire)stack's   flames

"Det forstår jeg slet ikke!" sagde den lille Gerda.
That   understand   I   at all   not   said   the   little   Gerda

"Det er mit eventyr!" sagde ildliljen.
That   is   my   adventure   said   the tiger lilly

Hvad siger konvolvolus?
What   say   the Convolvulus

"Ud over den snævre fjeldvej hænger en
Out   over   the   narrow   mountain road   hangs   an

gammel ridderborg; Det tætte eviggrønt vokser op
old knight's castle The close (thick) evergreens grow up

om de gamle røde mure, blad ved blad, hen
around the old red walls leaf by leaf to

om altanen, og der står en dejlig pige; hun
around the balcony and there stands a beautiful girl she

bøjer sig ud over rækværket og ser ned ad
bows herself out over the railing and looks down to

vejen. Ingen rose hænger friskere fra grenene,
the road No rose hangs more fresh between the green

end hun, ingen æbleblomst, når vinden bærer den
than her no apple flower when the wind carries it

fra træet, er mere svævende, end hun; hvor rasler
from the tree is more floating than her how rustles

den prægtige silkekjortel. 'Kommer han dog ikke!'
the wonderful silk dress Comes he still not

"Er det Kay, du mener," spurgte lille Gerda.
Is that Kay you mean asked little Gerda

"Jeg taler kun om mit eventyr, min drøm," svarede
I tell only about my adventure my dream answered

konvolvolus.
the Convolvulus

Hvad siger den lille sommergæk?
What says the little summer-fool
                    neither

"Mellem træerne hænger i snore det lange bræt,
Between the trees hangs in ropes the long board

det er en gynge; to nydelige småpiger, - kjolerne
it is a swing two neat little girls dresses

er hvide som sne, lange grønne silkebånd flagrer
are white as snow long green silk bands flag

fra hattene, - sidder og gynger; broderen, der er
from the hats sit and swing the brother who is

større end de, står op i gyngen, han har armen
bigger than they stands up in the swing he has the arms

om snoren for at holde sig, thi i den ene
around the rope for to hold himself for in the one

hånd har han en lille skål, i den anden en
hand has he a little bowl in the other a

kridtpibe, han blæser sæbebobler; gyngen går, og
clay pipe he blows soap bubbles the swing goes and

boblerne flyver med dejlige, vekslende farver; den
the bubbles fly with beautiful changing colors the

sidste hænger endnu ved pibestilken og bøjer sig
last hangs still with the pipe stem and bows itself

i vinden; gyngen går. Den lille sorte hund, let
in the wind the swing goes The little black dog light

som boblerne, rejser sig på bagbenene og vil
as the bubbles rises itself on the back legs and wants

med i gyngen, den flyver; hunden dumper, bjæffer
along in the swing that flies the dog falls barks

og er vred; den gækkes, boblerne brister, - et
and is angry the foolish bubbles burst a

gyngende bræt, et springende skumbillede er min
swinging board a jumping foam picture is my

sang!"
song

"Det kan gerne være, at det er smukt, hvad du
That can quite be that it is beautiful what you

fortæller, men du siger det så sørgeligt og nævner
tell but you say that so sorrowful and mention

slet ikke Kay. Hvad siger hyacinterne?"
at all not Kay What say the hyacints

"Der var tre dejlige søstre, så gennemsigtige og
There were three beautiful sisters so transparent and

fine; den enes kjortel var rød, den andens var blå,
fine the one's robe was red the other's was blue

den tredjes ganske hvid; hånd i hånd dansede
the third one's all white hand in hand danced

de ved den stille sø i det klare måneskin. De
they by the quiet lake in the clear moonshine They

var ikke elverpiger, de var menneskebørn. Der
were not elfin girls they were human children It

59

duftede så sødt, og pigerne svandt i skoven;
smelled so sweet and the girls disappeared in the forest

duften blev stærkere; - tre ligkister, i dem
the fragrance became stronger three coffins in them

lå de dejlige piger, gled fra skovens tykning hen
lay the beautiful girls glided from the forest's thicket away

over søen; sankthansorme fløj skinnende rundt
over the lake the glowing worms flew shining round

om, som små svævende lys. Sover de dansende
about as little floating lights Sleep the dancing

piger, eller er de døde? - Blomsterduften siger,
girls or are they dead The flower odour says

de er lig; aftenklokken ringer over de døde!"
they are corpses the evening bell tolls over the dead

"Du gør mig ganske bedrøvet," sagde den lille
You make me quite said said the little

Gerda. "Du dufter så stærkt; jeg må tænke på de
Gerda You smell so strong I must think on the

døde piger! ak, er da virkelig lille Kay død?
dead girls ah is then really little Kay dead

Roserne har været nede i jorden, og de siger
The roses have been down in the ground and they say

nej!"
no

"Ding, dang!" ringede hyacintens klokker. "Vi ringer
Ding dong rang the hyacinth's bells We ring

ikke over lille Kay, ham kender vi ikke! vi synger
not over little Kay him know we not we sing

kun vor vise, den eneste, vi kan!"
only our tune the only we can

Og Gerda gik hen til smørblomsten, der skinnede
And Gerda went away to the butter flower that shone
(the Ranunculus)

frem imellem de glinsende, grønne blade.
forth in between the glistening green leaves

"Du er en lille klar sol!" sagde Gerda. "Sig mig,
You are a little bright sun said Gerda Tell me

61

om	du	ved,	hvor	jeg	skal	finde	min
whether	you	know	where	I	shall	find	my

legebroder?"
play brother

Og	smørblomsten	skinnede	så	smukt	og	så	på
And	the butter flower (the Ranunculuses)	shone	so	beautiful	and	looked	at

Gerda	igen.	Hvilken	vise	kunne	vel	smørblomsten
Gerda	again	Which	tune	could	well	the butter flower (the Ranunculus)

synge?	Den	var	heller	ikke	om	Kay.
sing	It	was	either neither	not	about	Kay

"I	en	lille	gård	skinnede	Vorherres	sol	så	varmt
In	a	small	yard	shone	Our Lord's	sun	so	warm

den	første	forårsdag;	strålerne	gled	ned	ad
the	first	spring day	the rays	glided	down	to

naboens	hvide	væg,	tæt	ved	groede	de	første
the neighbors	white	wall	close	by	grew	the	first

gule	blomster,	skinnende	guld	i	de	varme
yellow	flowers	shining	gold	in	the	warm

solstråler; gamle bedstemoder var ude i sin stol,
sunrays   old   grandmother   was   out in her chair

datterdatteren   den fattige, kønne tjenestepige,
the daughter-daughter the poor lovely servant girl
(the grand-daughter)

kom   hjem   et   kort   besøg;   hun   kyssede
came home   a   short   visit   she   kissed

bedstemoderen. Det var guld, hjertets guld i det
the grand-mother It was gold heart's gold in the

velsignede kys. Guld på munden, guld i grunden,
blessed   kiss Gold on the mouth gold in the ground

guld deroppe i morgenstunden! Se, det er min
gold there up in the morning hour See that is my

lille historie!" sagde smørblomsten.
little story said the butter flower
(the Ranunculus)

"Min gamle stakkels bedstemoder!" sukkede Gerda.
My old poor grandmother sighed Gerda

"Ja hun længes vist efter mig, er bedrøvet for
yes she longs surely after me is sad for
(for)

mig, ligesom hun var for lille Kay. Men jeg
me like she was for little Kay But I

kommer snart hjem igen, og så bringer jeg Kay
come soon home again and so bring I Kay

med. - Det kan ikke hjælpe, at jeg spørger
along That can not help that I ask

blomsterne, de kan kun deres egen vise, de
the flowers they know only their own tune they

siger mig ikke besked!" og så bandt hun sin lille
tell me no information and so bound she her little

kjole op, for at hun kunne løbe raskere; men
dress up for that she could run faster but

pinseliljen slog hende over benet, i det hun
the pearl lilly struck her over the leg in that she
(the Narcissus) when

sprang over den; da blev hun stående, så
jumped over it then remained she standing looked

på den lange gule blomst og spurgte: "Ved du
at the long yellow flower and asked Know you

måske noget?" og hun bøjede sig lige ned til
maybe something and she bowed herself right down to

pinseliljen. Og hvad sagde den?
the pearl lilly And what said it
(the Narcissus)

"Jeg kan se mig selv! jeg kan se mig selv!" sagde
I can see my self I can see my self said

pinseliljen. "Oh, oh, hvor jeg lugter! - Oppe på det
the pearl lilly Oh oh how I smell Up on that
(the Narcissus)

lille kvistkammer, halv klædt på, står en lille
little attic room half dressed on stands a little

danserinde, hun står snart på ét ben, snart på
dancer she stands soon on one leg soon on

to, hun sparker af den hele verden, hun er bare
two she kicks off the whole world she is only

øjenforblindelse. Hun hælder vand af tepotten ud
eye blindness She pours water of the teapot out
(living in fantasy)

på et stykke tøj, hun holder, det er snørlivet;
on a piece (of) cloth she holds it is the bodice

- renlighed er en god ting! den hvide kjole
cleanliness is a good thing the white dress

hænger på knagen, den er også vasket i tepotten
hangs on the hook it is also washed in the teapot

og tørret på taget; den tager hun på, det
and dried on the roof that one takes she on the

safrangule tørklæde om halsen, så skinner
saffron-yellow kerchief around the neck so shines

kjolen mere hvid. Benet i vejret! se hvor hun
the dress more white The leg in the air see how she

knejser på en stilk! jeg kan se mig selv! jeg kan
kneels on a stalk I can see my self I can

se mig selv!"
see my self

"Det bryder jeg mig slet ikke om!" sagde Gerda.
That care I myself at all not about said Gerda

"Det er ikke noget at fortælle mig!" og så løb
That is not something to tell me and so ran

hun til udkanten af haven.
she to the outskirt(s) of the garden

Døren var lukket, men hun vrikkede i den rustne
The door was closed but she wrenched in the rusted
(The gate)

krampe, så den gik løs, og døren sprang op, og
bolt so it went loose and the door sprang up and

så løb den lille Gerda på bare fødder ud i den
so ran the little Gerda on bare feet out in the

vide verden. Hun så tre gange tilbage, men der
wide world She saw three times back but there

var ingen, som kom efter hende; til sidst kunne
was no one who came after her at last could

hun ikke løbe mere og satte sig på en stor
she not run (any)more and set herself on a large

sten, og da hun så sig rundt om, var
stone and when she saw herself round about was

sommeren forbi, det var sent på efteråret, det
the summer over it was late on the afteryear that

kunne man slet ikke mærke derinde i den
could one at all not notice there inside in the

dejlige have, hvor der var altid solskin og alle
beautiful garden where there was always sunshine and all

årstiders blomster.
seasons' flowers

"Gud! hvor jeg har sinket mig!" sagde den lille
God how I have sunk myself said the little
              (got stuck)

Gerda: "Det er jo blevet efterår! så tør jeg ikke
Gerda That is well become autumn so dare I not

hvile!" og hun rejste sig for at gå.
while and she rose herself for to go
(rest)

Oh, hvor hendes små fødder var ømme og trætte,
Oh where her little feet were sore and tired

og rundt om så det koldt og råt ud; de
and round about looked it cold and rough out the
                               ()

lange pileblade var ganske gule og tågen
long willow leaves were all yellow and the fog

dryppede i vand fra dem, et blad faldt efter et
dripped in water from them one leaf fell after an

andet, kun slåentornen stod med frugt, så stram
other only the sloes stood with fruit so tight
(sour)

og til at rimpe munden sammen. Oh hvor det var
and for to purse the mouth together Oh how it was

gråt og tungt i den vide verden.
gray and heavy in the wide world

Fjerde historie

Fjerde historie.
Fourth   story

Prins og prinsesse.
Prince and   princess

Gerda måtte igen hvile sig; da hoppede der på
Gerda   must   again rest herself then   hopped   there on

sneen, lige over for hvor hun sad, en stor krage,
the snow right over   for where she sat a   large   crow

den havde længe siddet, set på hende og vrikket
it   had   long   sat   looked at   her   and waggled

med hovedet; nu sagde den: "Kra! kra! - go' da'!
with the head now said it   Caw   Caw   good day

go' da'!" Bedre kunne den ikke sige det, men den
good day Better could it   not say it but   it

mente det så godt med den lille pige og spurgte,
meant it so well with the little girl and asked

hvorhen hun gik så alene ude i den vide verden.
where to she went so alone out in the wide world

Det ord: alene forstod Gerda meget godt og
That word alone understood Gerda very well and

følte ret, hvor meget der lå deri, og så
felt exactly how much there lay there in and so

fortalte hun kragen sit hele liv og levned og
told she the crow her whole life and lived and
(experience)

spurgte, om den ikke havde set Kay.
asked whether it not had seen Kay

Og kragen nikkede ganske betænksomt og sagde:
And the crow nodded quite thoughtful and said

"Det kunne være! det kunne være!"
That could be that could be

"Hvad, tror du!" råbte den lille pige og havde
What believe you shouted the little girl and had
do you think so

nær   klemt   kragen   ihjel,   således   kyssede   hun
almost crushed the crow to death   so   kissed   she

den.
it

"Fornuftig,   fornuftig!"   sagde   kragen.   "Jeg   tror,   jeg
Prudent   prudent   said   the crow   I   believe   I

ved, - jeg   tror,   det   kan   være   den   lille   Kay!   men
know   I   believe   it   can   be   the   little   Kay   but

nu   har   han   vist   glemt   dig   for   prinsessen!"
now   has   he   surely   forgotten   you   for   the princess

"Bor   han   hos   en   prinsesse?"   spurgte   Gerda.
Lives   he   with   a   princess   asked   Gerda

"Ja   hør!"   sagde   kragen,   "men   jeg   har   så
Yes   listen   said   the crow   but   I   have   so
    {idiom: sure}

svært   ved   at   tale   dit   sprog.   Forstår   du
hard   with   to   speak   your   language   Understand   you
(much trouble)

kragemål   så   skal   jeg   bedre   fortælle!"
crow-talk   so   shall   I   better   tell

"Nej, det har jeg ikke lært!" sagde Gerda, "men
No that have I not learned said Gerda but

bedstemoder kunne det, og p-mål kunne hun.
grandmother could it and gibberish could she
(knew)

Bare jeg havde lært det!"
(If) only I had learned it

"Gør ikke noget!" sagde kragen, "jeg skal fortælle,
Does not anything said the crow I shall tell
Doesn't matter

så godt jeg kan, men dårligt bliver det alligevel,"
so well I can but bad be it nevertheless

og så fortalte den, hvad den vidste.
and so told it what it knew

"I dette kongerige, hvor vi nu sidder, bor en
In that kingdom where we now (are) sitting lives a

prinsesse, der er så uhyre klog, men hun har
princess which is so monstrously clever but she has

også læst alle aviser, der er til i verden, og
also read all newspapers that are to in the world and

glemt   dem igen, så klog er hun. Forleden sidder
forgotten them again so clever is she Just now   sits

hun på tronen, og det er ikke så morsomt endda,
she on the throne and that is not so (much) fun after all

siger man, da kommer hun til at nynne en vise,
says one then comes she to at hum   a tune

det var netop den: 'Hvorfor skulle jeg ikke gifte
it was just this Wherefore should I not marry

mig!' 'Hør, det er der   noget i,' siger hun, og så
myself Hear that is there something in says she and so

ville hun gifte sig, men hun ville have en
wanted she marry herself but she wanted to have a

mand, der forstod at svare, når man talte til
man who understood to answer when one talked to
     who was smart

ham, en der ikke stod og kun så fornem ud,
him one that not stood and only looked dignified out
                                                    ()

for det er så kedeligt. Nu lod hun alle
for that is so boring Now let she all

hofdamerne tromme sammen, og da de hørte,
the court ladies thrum together and when they heard

hvad hun ville, blev de så fornøjede, 'det kan
what she wanted became they so pleased that can

jeg godt lide!' sagde de, 'sådant noget
I well suffer said they such a thing

tænkte jeg også på forleden!' - Du kan tro, at
thought I also on recent You can believe that
I also thought just now

det er sandt hvert ord jeg siger!" sagde kragen.
it is true each word I say said the crow

"Jeg har en tam kæreste, der går frit om på
I have a tame girlfriend who goes free around at

slottet, og hun har fortalt mig alt!"
the castle and she has told me everything

Det var naturligvis også en krage hans kæreste, for
That was of course also a crow his girlfriend for

krage søger mage, og det er altid en krage.
crows seek mates and that is always a crow

"Aviserne kom straks ud med en kant af
The newspapers came immediately out with a border of

hjerter og prinsessens navnetræk; man kunne læse
hearts and the princess' initials one could read

sig til, at det stod enhver ung mand, der
oneself to that it stood every young man that

så godt ud, frit for at komme op på slottet og
looked good out free for to come up at the castle and
()

tale med prinsessen, og den, som talte, så at
talk with the princess and the one who spoke so that

man kunne høre han var hjemme der, og talte
one could hear he was at home there and spoke

bedst, ham ville prinsessen tage til mand! - Ja,
best him wanted the princess take to man Yes
as husband

ja!" sagde kragen, "du kan tro mig, det er så
yes said the crow you can believe me that is so

vist, som jeg sidder her, folk strømmede til, der
true as I sit here people streamed forth there

var en trængsel og en løben, men det lykkedes
was a pressing and a running but it succeeded

ikke, hverken den første eller anden dag. De
not neither the first nor the next day They

kunne alle sammen godt tale, når de var ude på
could all together well speak when they were out on

gaden, men når de kom ind af slotsporten og
the street but when they come inside of the castle gate and

så garden i sølv, og op ad trapperne
saw the guard (dressed) in silver and up on the stairs

lakajerne i guld og de store oplyste sale, så
the lackeys in gold and the large illuminated halls so

blev de forbløffet; og stod de foran tronen,
became they stunned and stood they before the throne

hvor prinsessen sad, så vidste de ikke at sige
where the princess sat so knew they not to say

uden det sidste ord, hun havde sagt, og det
anything but the last word she had said and that

brød hun sig ikke om at høre igen. Det var
cared she herself not about to hear again It was

ligesom om folk derinde havde fået snustobak
like if people there in had gotten snuff tobacco

på maven og var faldet i dvale, indtil de kom
on the stomach and were fallen in trance until they came

ud på gaden igen, ja, så kunne de snakke. Der
out on the street again yes so could they chat There

stod en række lige fra byens port til slottet.
stood a row right from the town's gate up to the castle

Jeg var selv inde at se det!" sagde kragen. "De
I was self inside to see it said the crow They

blev både sultne og tørstige, men fra slottet
remained both hungry and thirsty but from the castle

fik de ikke engang så meget, som et glas lunket
got they not one time so much as a glass lukewarm

vand. Vel havde nogle af de klogeste taget
water Well had some of the cleverest taken

smørrebrød med, men de delte ikke med deres
sandwiches along but they parted not with their

nabo, de tænkte, som så: Lad ham kun se
neighbor they thought as so Let him only look

sulten ud, så tager prinsessen ham ikke!"
hungry out so takes the princess him not
()

"Men Kay, lille Kay!" spurgte Gerda. "Når kom han?
But Kay little Kay asked Gerda When came he

Var han mellem de mange?"
Was he between the many

"Giv tid! giv tid! nu er vi lige ved ham! det var
Give time give time now are we right by him it was

den tredje dag, da kom der en lille person,
the third day when came there a little person

uden hest eller vogn, ganske frejdig marcherende
without horse or carriage quite boldly marching

lige op til slottet; hans øjne skinnede som dine,
right up to the castle his eyes shone like yours

han havde dejlige lange hår, men ellers fattige
he had beautiful long hair but otherwise poor

klæder!"
clothing

"Det var Kay!" jublede Gerda. "Oh, så har jeg
That was Kay rejoiced Gerda Oh so have I

fundet ham!" og hun klappede i hænderne.
found hime and she clapped in the hands

"Han havde en lille ransel på ryggen!" sagde
He had a little pack on the back said

kragen.
the crow

"Nej, det var vist hans slæde!" sagde Gerda, "for
No that was surely his sled said Gerda for

med slæden gik han bort!"
with the sled went he away

"Det kan gerne være!" sagde kragen,
That can really be said the crow

"jeg så ikke så nøje til! men det ved jeg af
I looked not so closely to but that know I of
I didn't check up close

min tamme kæreste, at da han kom ind af
my tame girlfriend that when he came inside of

slotsporten og så livgarden i sølv og opad
the caslte gate and saw the bodyguard in silver and up on

trappen lakajerne i guld, blev han ikke det
the stairs the lackeys in gold remained he not the

bitterste forknyt, han nikkede og sagde til dem:
least abashed he nodded and said to them

"Det må være kedeligt at stå på trappen, jeg går
That may be boring to stand on the stairs I go

hellere indenfor!" Der skinnede salene med lys;
rather inside The shining halls with light

gehejmeråder og excellencer gik på bare fødder
privy councillors and excellencies went on bare feet

og bar guldfade; man kunne nok blive
and carried golden bowls one could well become

højtidelig! hans støvler knirkede så frygtelig stærkt,
pompous   his   boots   creaked   so   awfully   strong
(loud)

men han blev dog ikke bange!"
but   he   remained   however   not   afraid

"Det er ganske vist Kay!" sagde Gerda, "jeg ved,
That   is   quite   surely   Kay   said   Gerda   I   know

han havde nye støvler, jeg har hørt dem knirke i
he   had   new   boots   I   have   heard   them   creak   in

bedstemoders stue!"
grandmothers   room

"Ja knirke gjorde de!" sagde kragen, "og frejdig gik
Yes   creak   did   they   said   the crow   and   boldly   went

han lige ind for prinsessen, der sad på en
he   right   inside   before   the princess   who   sat   on   a

perle, så stor som et rokkehjul; og alle
pearl   so   large   as   a   spinning wheel   and   all

hofdamerne med deres piger og pigers piger, og
the court ladies   with   their   maids   and   maids'   maids   and

alle kavalererne med deres tjenere og tjeneres
all the gentlemen with their servants and servants'

tjenere, der holder dreng, stod opstillet rundt om;
servants who holds (a) boy stood set up round about

og jo nærmere de stod ved døren, jo stoltere
and well closer they stood by the door well prouder
   (the)   (the)

så de ud. Tjenernes tjeneres dreng, der altid
looked they out The servants' servants boy who always
           ()

går i tøfler, er næsten ikke til at se på, så stolt
goes in slippers is almost not for to look at so proud

står han i døren!"
stands he in the door

"Det må være grueligt!" sagde den lille Gerda. "Og
That must be terrible said the little Gerda And

Kay har dog fået prinsessen!"
Kay has however gotten the princess

"Havde jeg ikke været en krage, så havde jeg taget
Had I not been a crow so had I taken

hende, og det uagtet jeg er forlovet. Han skal
her and that although I am engaged He shall

have talt lige så godt, som jeg taler, når jeg
have spoken right so well as I speak when I

taler kragemål, det har jeg fra min tamme
speak crow speech that have I from my tame

kæreste. Han var frejdig og nydelig; han var
girlfriend He was bold and neat he was
(nicely behaved)

slet ikke kommet for at fri, bare alene kommet
at all not came for to woo just only come

for at høre prinsessens klogskab, og den fandt han
for to hear the princess' cleverness and that found he

god, og hun fandt ham god igen!"
good and she found him good as well

"Ja, vist! det var Kay!" sagde Gerda, "han var så
Yes surely that was Kay said Gerda he was so

klog, han kunne hovedregning med brøk! - Oh,
clever he could head-counting with fractions Oh
count fractions in his head

vil du ikke føre mig ind på slottet!"
will you not take me inside at the castle

"Ja, det er let sagt!" sagde kragen. "Men
Yes that is easily said said the crow But

hvorledes gør vi det? Jeg skal tale derom med
how do we that I shall speak about it with

min tamme kæreste; hun kan vel råde os; thi det
my tame lover she can well advise us since that

må jeg sige dig, sådan en lille pige, som du, får
must I say you such a little girl as you gets

aldrig lov at komme ordentlig ind!"
never permission to come just inside

"Jo, det gør jeg!" sagde Gerda. "Når Kay hører jeg
Yes that do I said Gerda When Kay hears I

er her, kommer han straks ud og henter mig!"
am here comes he immediately out and fetches me

"Vent mig ved stenten der!" sagde kragen, vrikkede
Await me by the steps there said the crow waggled

med hovedet og fløj bort.
with the head and flew away

Først da det var mørk aften kom kragen igen
First when it was dark evening came the crow again

tilbage: "Rar! rar!" sagde den. "Jeg skal hilse dig
back Caw caw said it I shall greet you

fra hende mange gange! og her er et lille brød
from her many times and here is a little bread

til dig, det tog hun i køknet, der er brød
for you that took she in the kitchen there is bread

nok og du er vist sulten! - Det er ikke muligt,
enough and you are surely hungry That is not possible

at du kan komme ind på slottet, du har jo
that you can come inside at the castle you have well

bare fødder; garden i sølv og lakajerne i guld
bare feet the guard in silver and the lackeys in gold

vil ikke tillade det; men græd ikke, du skal dog
will not allow that but cry not you shall though

nok komme derop. Min kæreste ved en lille
well come up there My girlfriend knows a little

bagtrappe, som fører til sovekamret, og hun
back stairs which leads to the sleeping chamber and she

ved, hvor hun skal tage nøglen!"
knows where she shall take the key

Og de gik ind i haven, i den store allé,
And they went inside in the garden in the large walkway

hvor det ene blad faldt efter det andet, og da
where the one leaf fell after the other and when

på slottet lysene slukkedes, det ene efter det
at the castle the lights dimmed the one after the

andet, førte kragen lille Gerda hen til en bagdør,
other lead the crow little Gerda forth to a back door

der stod på klem.
which stood on press
            slightly open

Oh, hvor Gerdas hjerte bankede af angst og
Oh how Gerda's heart beat of fear and

længsel! det var ligesom om hun skulle gøre
longing it was like if she should do

noget ondt, og hun ville jo kun have at vide,
something bad and she wanted well only have to see

om det var lille Kay; jo, det måtte være ham; hun
if it was little Kay well that must be him she

tænkte så levende på hans kloge øjne, hans lange
thought so lively on his clever eyes his long
            (of)

hår; hun kunne ordentlig se, hvorledes han
hair she could really see how he

smilede, som da de sad hjemme under roserne.
smiled as when they sat at home under the roses

Han ville vist blive glad ved at se hende, høre
He would surely become happy with to see her hear

hvilken lang vej, hun havde gået for hans skyld,
which long way she had gone for his sake

vide, hvor bedrøvet de alle hjemme havde været,
know how sad they all at home had been

da han ikke kom igen. Oh, det var en frygt og
when he not came again Oh it was a fright and
(back)

en glæde.
a joy

Nu var de på trappen; der brændte en lille
Now were they on the stairs there burned a little

lampe på et skab; midt på gulvet stod den
lamp on a closet (in the) middle on the floor stood the

tamme krage og drejede hovedet til alle sider og
tame crow and turned the head to all sides and

betragtede Gerda, der nejede, som bedstemoder
looked at Gerda who curtsied as grandmother

havde lært hende.
had taught her

"Min forlovede har talt så smukt om Dem, min
My fiancee has told so beautiful about you my

lille frøken," sagde den tamme krage, "Deres vita,
little lady said the tame crow Your life

som man kalder det, er også meget rørende! - Vil
as one calles it is also very touching Will

De tage lampen, så skal jeg gå foran. Vi går her
you take the lamp so shall I go in front We go here

den lige vej, for der træffer vi ingen!"
the right way for there meet we no one

"Jeg synes her kommer nogen lige bagefter!"
I think here comes someone right back after

sagde Gerda, og det susede forbi hende; det var
said Gerda and it swooshed past her it was

ligesom skygger hen ad væggen, heste med
like shadows away on the wall horses with

flagrende manker og tynde ben, jægerdrenge,
waving manes and thin legs hunter boys

herrer og damer til hest.
gentlemen and ladies to horse
on horseback

"Det er kun drømmene!" sagde kragen, "de
That is just the dreams said the crow they

kommer og henter det høje herskabs tanker
come and fetch the high gentleman's thoughts

til jagt, godt er det, så kan De bedre betragte
to hunt good is it so can you better look at
about the hunt

dem i sengen. Men lad mig se, kommer De til
them in the bed But let me see come you to

ære og værdighed, at De da viser et
honor and dignity that you then show a

taknemmeligt hjerte!"
grateful heart

"Det er jo ikke noget at snakke om!" sagde
That is well not something to talk about said

kragen fra skoven.
the crow from the forest

Nu kom de ind i den første sal, den var af
Now came they inside in the first room it was of

rosenrødt atlask med kunstige blomster opad
rose red satin with artful flowers up on

væggen; her susede dem allerede drømmene forbi,
the wall here sped them already the dreams past

men de fór så hurtigt, at Gerda ikke fik set
but they went so quick that Gerda not got seen

det høje herskab. Den ene sal blev prægtigere
the high gentleman The one room became more wonderful

end den anden; jo man kunne nok blive
than the other well one could enough become

forbløffet, og nu var de i sovekamret. Loftet
astonished and now were they in the bedroom The ceiling

herinde lignede en stor palme med blade af glas,
in here resembled a large palmtree with leaves of glass

kostbart glas, og midt på gulvet hang i en
precious glass and (in the) middle on the floor hung in a

tyk stilk af guld to senge, der hver så ud som
thick stalk of gold two beds that each saw out like / looked

liljer: Den ene var hvid, i den lå prinsessen;
lillies The one was white in that one lay the princess

den anden var rød, og i den var det at Gerda
the other was red and in that one was it that Gerda

skulle søge lille Kay; hun bøjede et af de røde
should seek little Kay she bowed one of the red

blade til side og da så hun en brun nakke. -
leaves to (the) side and then saw she a brown neck

Oh, det var Kay! - Hun råbte ganske højt hans
Oh that was Kay She shouted quite loud his

navn, holdt lampen hen til ham - drømmene
name held the lamp over to him the dreams

susede til hest ind i stuen igen - han
swooshed to horse inside in the room again he
on horseback

vågnede, drejede hovedet og - - det var ikke den
awoke turned the head and it was not the

lille Kay.
little Kay

Prinsen lignede ham kun på nakken, men ung
The prince resembled him only on the neck but young

og smuk var han. Og fra den hvide liljeseng
and beautiful was he And from the white lilliebed

tittede prinsessen ud, og spurgte hvad det var.
looked the princess out and asked what it was

Da græd den lille Gerda og fortalte hele sin
Then cried the little Gerda and told whole her

historie og alt, hvad kragerne havde gjort for
story and all what the crows had done for

hende.
her

"Din lille stakkel!" sagde prinsen og prinsessen, og
You little poor thing said the prince and the princess and

de roste kragerne og sagde, at de var slet
they praised the crows and said that they were at all

ikke vrede på dem, men de skulle dog ikke
not angry at them but they should however not

gøre det oftere. Imidlertid skulle de have en
do that more often Meanwhile should they have a

belønning.
reward

"**Vil   I   flyve   frit?**" **spurgte   prinsessen,** "**eller   vil   I**
Will you fly free   asked the princess   or   will you

have   fast   ansættelse   som   hofkrager   med   alt,   hvad
have fixed appointment   as   court crows with all   what

der   falder   af   i   køknet?"
there falls   off in the kitchen

Og   begge   kragerne   nejede   og   bad   om   fast
And   both   the crows   curtsied and begger for   fixed

ansættelse;   for   de   tænkte   på   deres   alderdom   og
appointment   for they thought on   their   old age   and
                                        (of)

sagde, "**det   var   så   godt   at   have   noget   for   den**
said   it   was   so   good   to   have something for   the

gamle   mand," **som   de   kalder   det.**
old   man   as   they called   it

Og   prinsen   stod   op   af   sin   seng   og   lod   Gerda
And the prince stood up from his   bed   and let   Gerda

sove i den, og mere kunne han ikke gøre. Hun
sleep in it and more could he not do She

foldede sine små hænder og tænkte: "Hvor dog
folded his small hands and thought how though

mennesker og dyr er gode," og så lukkede hun
people and animals are good and so closed she

sine øjne og sov så velsignet. Alle drømmene kom
his eyes and slept so blessed All the dreams came

igen flyvende ind, og da så de ud som Guds
again flying in and then looked they out like Gods
()

engle, og de trak en lille slæde, og på den sad
angels and they pulled a little sled and on it sat

Kay og nikkede; men det hele var kun drømmeri,
Kay and nodded but the whole was only dreaming

og derfor var det også borte igen, så snart hun
and therefore was it also gone again as soon (as) she

vågnede.
woke up

Næste dag blev hun klædt på fra top til tå i
(The) next day was she dressed up from top to toe in

silke og fløjl; hun fik tilbud at blive på slottet
silk and velvet she got invitation to stay at the castle

og have gode dage, men hun bad alene om at
and have good days but she begged only for to

få en lille vogn med en hest for og et par
get a little carriage with a horse in front and a few

små støvler, så ville hun igen køre ud i den
small boots so wanted she again drive out in the

vide verden og finde Kay.
wide world and find Kay

Og hun fik både støvler og muffe; hun blev så
And she got both boots and muffs she became so

nydeligt klædt på, og da hun ville af sted,
neatly dressed up and when she wanted off place

holdt ved døren en ny karet af purt guld;
held by the door a new carriage of pure gold
(stopped)

prinsens	og	prinsessens	våben	lyste	fra	den
the prince	and	the princess'	coat of arms	lit up	from	it

som	en	stjerne;	kusk,	tjenere	og	forridere,
as	a	star	the coachman	the servants	and	the outriders

for	der	var	også	forridere,	sad	klædt	i
for	there	were	also	outriders	sat	dressed	in

guldkroner.	Prinsen	og	prinsessen	hjalp	hende
gold crowns	The prince	and	the princess	helped	her

selv	i	vognen	og	ønskede	hende	al	lykke.
themselves	in	the carriage	and	wished	her	all	good luck

Skovkragen,	der	nu	var	blevet	gift,	fulgte	med
The forest crow	who	now	was	become	married	followed	along

de	første	tre	mil;	den	sad	ved	siden	af	hende,
the	first	three	miles	it	sat	by	the side	of	her

for	den	kunne	ikke	tåle	at	køre	baglæns;	den
for	it	could	not	bear	to	drive	backwards	the

anden	krage	stod	i	porten	og	slog	med	vingerne,
other	crow	stood	in	the gate	and	beat	with	the wings

den	fulgte	ikke	med,	thi	den	led	af
it	followed	not	along	since	it	suffered	of

hovedpine,	siden	den	havde	fået	fast	ansættelse
headache	since	it	had	gotten	fixed	appointment

og	for	meget	at	spise.	Indeni	var	kareten	foret
and	too	much	to	eat	Inside it	was	the carriage	lined

med	sukkerkringler,	og	i	sædet	var	frugter	og
with	sugar plums	and	in	the seats	were	fruits	and

pebernødder.
pepper-nuts
(tiny hard gingerbread cookies)

"Farvel!	farvel!"	råbte	prins	og	prinsesse,	og	lille
Farewell	farewell	shouted	prince	and	princess	and	little

Gerda	græd,	og	kragen	græd;	-	således	gik	de
Gerda	cried	and	the crow	cried		so	went	the

første	mil;	da	sagde	også	kragen	farvel,	og	det
first	miles	then	said	also	the crow	farewell	and	that

var	den	tungeste	afsked;	den	fløj	op	i	et	træ	og
was	the	heaviest	goodbye	it	flew	up	in	a	tree	and

slog	med	sine	sorte	vinger,	så	længe	den	kunne
beat	with	its	black	wings	so	long	it	could

se	vognen,	der	strålede,	som	det	klare	solskin.
see	the carriage	that	glared	as	the	bright	sunshine

Femte historie

Femte historie.
Fifth   story

Den lille røverpige.
The   little   robber girl

De   kørte gennem den mørke skov, men   kareten
They drove through the   dark   forest but the carriage

skinnede som et blus, det skar røverne i øjnene,
shone   as   a   torch it hurt the robbers in the eyes

det kunne de ikke tåle.
that could they not tolerate

"Det er guld! det er guld!" råbte de, styrtede
It   is gold   it   is gold shouted they rushing

frem, tog fat i hestene, slog de små jockeyer,
forth taking hold in the horses struck the few   riders
(of)

kusken og tjenerne ihjel, og trak nu den
the coachman and the servants to death and pulled now the

lille Gerda ud af vognen.
little Gerda out of the carriage

"Hun er fed, hun er nydelig, hun er fedet med
She is well fed she is pretty she is fed with

nøddekerne!" sagde den gamle røverkælling, der
nuts said the old robber-woman who

havde et langt, stridt skæg og øjenbryn, der
had a long straight beard and eyebrows which

hang hende ned over øjnene. "Det er så godt som
hung her down over the eyes That is so good as

et lille fedelam! nå, hvor hun skal smage!" og så
a little fattened lamb now how she shall taste and so

trak hun sin blanke kniv ud og den skinnede, så
pulled she her white knife out and it shone so
           (bare)

at det var grueligt.
that it was terrible

"Av!" sagde kællingen lige i det samme, hun
Ouch said the woman right in that same (moment) she

blev bidt i øret af sin egen lille datter, der
became bitten in the ear of her own little daughter who

hang på hendes ryg og var så vild og uvorn, så
hung on her back and was so wild and naughty so

det var en lyst. "Din lede unge!" sagde
that was a amusement You vile imp said
quite amusing

moderen og fik ikke tid til at slagte Gerda.
the mother and got not time for to slaughter Gerda

"Hun skal lege med mig!" sagde den lille røverpige.
She shall play with me said the little robber girl

"Hun skal give mig sin muffe, sin smukke kjole,
She shall give me her muffs her beautiful dress

sove hos mig i min seng!" og så bed hun igen,
sleep with me in my bed and so bit she again

så røverkællingen sprang i vejret og drejede
so (that) the robber woman jumped in the air and turned

sig   rundt, og alle   røverne   lo   og sagde: "Se,
herself around and all the robbers laughed and said See

hvor hun danser med sin unge!"
how she dances with her young

"Jeg vil   ind i kareten!" sagde den lille røverpige
I want inside in the carriage said the little robber girl

og hun måtte og ville   have sin vilje, for hun
and she must and wanted to have her wish for she

var så forkælet og så   stiv.   Hun og Gerda sad
was so spoiled and so stiff She and Gerda sat
(headstrong)

ind i den, og så kørte de over stub og tjørn
inside in it and so drove they over stumps and thorns

dybere ind i skoven. Den lille røverpige var så
deeper inside in the forest The little robber girl was so

stor som Gerda, men stærkere, mere bredskuldret
big as Gerda but stronger more wide shouldered

og mørk i huden; øjnene var ganske sorte, de
and dark in the skin the eyes were all black they

så næsten bedrøvede ud. Hun tog den lille
looked almost sad out She took the little
()

Gerda om livet og sagde: "De skal ikke
Gerda around the body and said They shall not

slagte dig, så længe jeg ikke bliver vred på dig!
slaughter you so long I not remain angry on you
(with)

Du er sagtens en prinsesse?"
You are supposedly a princess

"Nej," sagde lille Gerda og fortalte hende alt, hvad
No said little Gerda and told her all what

hun havde oplevet, og hvor meget hun holdt af
she had experienced and how much she held of
loved

lille Kay.
little Kay

Røverpigen så ganske alvorlig på hende, nikkede
The robber girl looked very serious at her nodded

lidt med hovedet og sagde: "De skal ikke
slightly with the head and said They shall not

slagte   dig, selv om jeg endogså bliver vred på
slaughter you   even if   I   somehow   become angry on
                                                           (with)

dig, så skal jeg nok selv gøre det!" og så tørrede
you   so shall I   well myself do   it   and so   dried

hun Gerdas øjne og puttede så begge sine hænder
she   Gerda's eyes and put   so   both   her   hands

ind i den smukke muffe, der var så blød og så
inside in the   soft   muffs   that were so   soft   and so

varm.
warm

Nu holdt kareten stille;   de   var   midt   inde i
Now   held the coach still   they   were   middle inside in
        Now the coach stopped

gården   af et røverslot; det var revnet fra
the yard   of   a   robber castle   it   was   cracked from

øverst til nederst, ravne og krager fløj ud af de
most up to most down ravens and crows   flew out of the
        top to bottom

åbne huller, og de store bulbidere, der hver
open   holes   and the large   bulldogs   that each

så ud til at kunne sluge et menneske, sprang
saw out for to be able to swallow a person jumped
looked

højt i vejret, men de gøede ikke, for det var
high in the air but they barked not for that was

forbudt.
forbidden

I den store, gamle, sodede sal brændte midt på
In the large old sooty hall burned middle on

stengulvet en stor ild; røgen trak hen under
the stone floor a large fire the smoke pulled away under

loftet og måtte selv se at finde ud; en stor
the ceiling and must itself see to find out a large
                    had to find a way out by itself

bryggerkedel kogte med suppe, og både harer og
brewer's kettel cooked with soup and both hares and

kaniner vendtes på spid.
rabbits turned on (the) spit
              (roasted)

"Du skal sove i nat med mig her hos
You shall sleep in (the) night with me here (together) with

alle mine smådyr!" sagde røverpigen. De fik at
all   my   small animals   said   the robber girl   They   got   to
          (pets)

spise og drikke og gik så hen i et hjørne, hvor
eat   and   drink   and   went   so   away   in   a   corner   where

der lå halm og tæpper. Ovenover sad på lægter
there   lay   straw   and   blankets   Above   sat   on   laths

og pinde næsten hundrede duer, der alle syntes
and   perches   almost   (a) hundred   doves   who   all   seemed

at sove, men drejede sig dog lidt, da
to   sleep   but   turned   themselves   however   light   when

småpigerne kom.
the little girls   came

"Det er alle sammen mine!" sagde den lille
That   are   all   together   mine   said   the   little

røverpige og greb rask fat i en af de
robber girl   and   grabbed   fast   hold   in   one   of   the

nærmeste, holdt den ved benene og rystede den,
closest   held   it   by   the legs   and   shook   it

så at den slog med vingerne. "Kys den!" råbte
so that it beat with the wings Kiss it shouted

hun og baskede Gerda med den i ansigtet. "Der
she and flung Gerda with it in the face There

sidder skovkanaljerne!" blev hun ved og viste
sit the forest rabble remained she with and fished
continued she

bag en mængde tremmer, der var slået for
back a lot of laths that were struck in front of
(fastened)

et hul i muren højt oppe. "Det er skovkanaljer,
a hole in the wall high up That is forest rabble

de to! de flyver straks væk, har man dem
they two they fly immediately away has one them

ikke rigtigt låset; og her står min gamle
not truly locked up and here stands my old

kæreste Bæh!" og hun trak ved hornet et rensdyr,
dearest Bae and she pulled with the horn a reindeer

der havde en blank kobberring om halsen og
that had a white copper ring around the neck and

var bundet. "Ham må vi også have i klemme,
was bound Him must we also have in (a) lock

ellers springer han med fra os. Hver evige aften
or jumps he along from us Each eternal night
(also)

kilder jeg ham på halsen med min skarpe kniv, det
tickle I him on the neck with my sharp knife that

er han så bange for!" og den lille pige trak en
is he so afraid of and the little girl pulled a

lang kniv ud af en sprække i muren og lod den
long knife out of a crack in the wall and let it

glide over rensdyrets hals; det stakkels dyr slog
slide over the reindeer's neck the poor animal struck

ud med benene, og røverpigen lo og trak så
out with the legs and the robber girl laughed and pulled so

Gerda med ned i sengen.
Gerda along down in the bed

"Vil du have kniven med, når du skal sove?"
Will you have the knife also when you shall sleep

spurgte Gerda og så lidt bange til den.
asked Gerda and looked (a) little afraid at it

"Jeg sover altid med kniv!" sagde den lille
I sleep always with knives said the little

røverpige. "Man ved aldrig, hvad der kan komme.
robber girl One knows never what there can come

Men fortæl mig nu igen, hvad du fortalte før
But tell me now again what you told before

om lille Kay, og hvorfor du er gået ud i den
about little Kay and wherefore you are gone out in the
(have)

vide verden." Og Gerda fortalte forfra, og
wide world And Gerda told before from and
(from the beginning)

skovduerne kurrede deroppe i buret, de andre
the forest doves cooed up there in the cage the other

duer sov. Den lille røverpige lagde sin arm om
doves slept The little robber girl laid her arm around

Gerdas hals, holdt kniven i den anden hånd og
Gerda's neck held the knife in the other hand and

111

sov, så man kunne høre det; men Gerda kunne
slept so one could hear it but Gerda could

slet ikke lukke sine øjne, hun vidste ikke, om
at all not close her eyes she knew not whether

hun skulle leve eller dø. Røverne sad rundt om
she should live or die The robbers sat round about

ilden, sang og drak, og røverkællingen slog
the fire sang and drank and the robber woman hit (did)

kolbøtter. Oh! det var ganske grueligt for den lille
somersaults Oh that was quite dreadful for the little

pige at se på.
girl to look at

Da sagde skovduerne: "Kurre, kurre! vi har set
Then said the forest doves Coo coo we have seen

den lille Kay. En hvid høne bar hans slæde,
the little Kay One white chicken carried his sled

han sad i snedronningens vogn, der fór lavt
he sat in the snow queen's carriage it went low

hen over skoven, da vi lå i rede; hun blæste
across over the forest when we lay in the nest she blew

på os unger, og alle døde de uden vi to;
on us young ones and all died they except for we two

kurre! kurre!"
coo coo

"Hvad siger I deroppe?" råbte Gerda, "hvor
What say you up there shouted Gerda where

rejste snedronningen hen? Ved I noget
travelled the snow queen to Know you something

derom?"
about that

"Hun rejste sagtens til Lapland, for der er altid
She travelled probably to Lapland for there is always

sne og is! spørg bare rensdyret, som står
snow and ice ask only the reindeer who stands

bundet i strikken."
bound in the noose
tied to the rope

"Der er is og sne, der er velsignet og godt!"
There is ice and snow there is blessed and good

sagde rensdyret; "der springer man frit om i de
said the reindeer there jumps one freely about in the

store skinnende dale! der har snedronningen sit
great shining dales there has the snow queen her

sommertelt, men hendes faste slot er oppe mod
summer tent but her regular castle is up towards

Nordpolen, på den ø, som kaldes Spitsberg!"
the North Pole on the island that is called Spitzbergen

"Oh Kay, lille Kay!" sukkede Gerda.
Oh Kay little Kay sighed Gerda

"Nu skal du ligge stille!" sagde røverpigen, "ellers
Now shall you lie quiet said the robber girl otherwise

får du kniven op i maven!"
get you the knife up in the stomach

Om morgnen fortalte Gerda hende alt, hvad
In the morning told Gerda her everything what

skovduerne havde sagt, og den lille røverpige
the forest doves had said and the little robber pig

så ganske alvorlig ud, men nikkede med hovedet
looked quite serious out but nodded with the head
()

og sagde: "Det er det samme! det er det samme.
and said That is the same that is the same

- Ved du, hvor Lapland er?" spurgte hun
Know you where Lapland is asked she

rensdyret.
the reindeer

"Hvem skulle bedre vide det end jeg," sagde
Whom should better know that than I said

dyret, og øjnene spillede i hovedet på det. "Der
the animal and the eyes rolled in the head at that There

er jeg født og båret, der har jeg sprunget på
am I born and carried there have I jumped on

snemarken!"
the snow fields

"Hør!" sagde røverpigen til Gerda, "du ser, at alle
Hear said the robber girl to Gerda you see that all

vore mandfolk er borte, men mutter er her
our menfolk are gone but mother is here

endnu, og hun bliver, men op ad morgenstunden
still and she stays but up at the morning hour

drikker hun af den store flaske og tager sig så
drinks she of that large bottle and takes herself so

en lille lur ovenpå; - så skal jeg gøre noget for
a little nap up above so shall I do something for

dig!" Nu sprang hun ud af sengen, fór hen
you Now jumped she out of the bed rushed away

om halsen på moderen, trak hende i
around the neck on the mother pulled her in
(of)

mundskægget og sagde: "min egen søde gedebuk,
the mouth beard and said my own sweet nanny goat
(the beard)

god morgen!" Og moderen knipsede hende under
good morning And the mother snapped her under

næsen, så den blev rød og blå, men det var alt
the nose so it became red and blue but it was all

sammen af bare kærlighed.
together of bare love

Da så moderen havde drukket af sin flaske og fik
Then so the mother had drunk of her bottle and got

sig en lille lur, gik røverpigen hen til rensdyret
herself a little nap went the robber girl over to the reindeer

og sagde: "Jeg kunne have besynderlig lyst til
and said I could have weirdly amused to

endnu at kilde dig mange gange med den skarpe
still to tickle you many times with that sharp

kniv, for så er du så morsom, men det er det
knife for then are you so funny but it is the

samme, jeg vil løsne din snor og hjælpe dig
same I will untie your rope and help you

udenfor, at du kan løbe til Lapland, men du
outside (so) that you can run to Lapland but you

skal tage benene med dig og bringe mig denne
shall take the legs with you and bring me that

lille pige til snedronningens slot, hvor hendes
little girl to the snow queen's castle where her

legebroder er. Du har nok hørt, hvad hun fortalte,
play brother is You have well heard what she told

thi hun snakkede højt nok, og du lurer!"
since she talked loud enough and you were listening in

Rensdyret sprang højt af glæde. Røverpigen løftede
The reindeer jumped high of joy The robber girl lifted

lille Gerda op og havde den forsigtighed at binde
little Gerda up and had the care to bind

hende fast, ja endogså at give hende en lille
her fast yes even to give her a little

pude at sidde på. "Det er det samme," sagde hun,
cushion to sit on That is the same said she

"der har du dine lodne støvler, for det bliver
there have you your fur boots for it becomes

koldt, men muffen beholder jeg, den er alt for
cold but the muffs keep I those are all too

nydelig! Alligevel skal du ikke fryse. Her har du
nice Nevertheless shall you not freeze Here have you

min moders store bælgvanter, de når dig lige
my mothers large lined gloves they approach you right

op til albuen; stik i! - Nu ser du ud på
up to the elbow stick in Now see you out on
you look

hænderne ligesom min ækle moder!"
the hands like my ugly mother

Og Gerda græd af glæde.
And Gerda cried of joy

"Jeg kan ikke lide at du tviner!" sagde den lille
I can not suffer that you whine said the little

røverpige. "Nu skal du just se fornøjet ud! og
robber girl Now shall you just see pleased out and
look pleased

der har du to brød og en skinke, så kan du
there have you two breads and a ham so can you

ikke sulte." Begge dele blev bundet bag på
not hunger Both parts became tied behind on

rensdyret; den lille røverpige åbnede døren,
the reindeer the little robber girl opened the door

lokkede alle de store hunde ind, og så skar hun
lured all the big dogs inside and so cut she

strikken over med sin kniv og sagde til rensdyret:
the rope over with her knife and said to the reindeer

"Løb så! men pas vel på den lille pige!"
Run so but take care well on the little girl
                        (of)

Og Gerda strakte hænderne, med de store
And Gerda reached the hands with the large

bælgvanter, ud mod røverpigen og sagde farvel,
lined gloves out towards the robber girl and said farewell

og så fløj rensdyret af sted over buske og
and so flew the reindeer off (the) place over bushes and

stubbe, gennem den store skov, over moser og
stumps through the big forest over mosses and

stepper, alt hvad det kunne. Ulvene hylede, og
steppes all what it could The wolves howled and

ravnene skreg. "Fut! fut!" sagde det på himlen.
the ravens screeched Fut fut said it on the sky

Det var ligesom om den nyste rødt.
That was like if it sneezed red

"Det er mine gamle nordlys!" sagde rensdyret,
That is my old northern lights said the reindeer

"se, hvor de lyser!" og så løb det endnu mere af
See how they light up and so ran it still more of

sted, nat og dag; brødene blev spist, skinken
(the) spot night and day the breads became eaten the ham
(were)

med og så var de i Lapland.
also and so were they in Lapland

Sjette historie

Sjette historie.
Sixth   story

Lappekonen og finnekonen.
The Lapland woman and the Finland woman

De holdt stille ved et lille hus; det var så
They held still by a little house it was so
           stopped

ynkeligt; taget gik ned til jorden, og døren
wretched the roof went down to the ground and the door

var så lav, at familien måtte krybe på maven,
was so low that the family had to crawl on the stomach

når den ville ud eller ind. Her var ingen
when it wanted out or in Here was no one

hjemme uden en gammel lappekone, der
home outside of an old woman from Lapland who
     (except)

stod og stegte fisk ved en tranlampe; og
stood and fried fish by an oil lamp and

rensdyret fortalte hele Gerdas historie, men først
the reindeer told all Gerda's story but first

sin egen, for det syntes, at den var meget
his own for it felt that it was much

vigtigere, og Gerda var så forkommen af kulde,
more important and Gerda was so shocked of cold

at hun ikke kunne tale.
that she not could speak

"Ak, I arme stakler!" sagde lappekonen, "da har
Ah you poor wretch said the Lap woman then have

I langt endnu at løbe! I må af sted over
you long still to run You must off stead over
must go farther

hundrede mil ind i Finmarken, for der ligger
(a) hundred mile inside in Finland for there lies

snedronningen på landet og brænder blålys hver
the snow queen on the land and burns blue light each

evige aften. Jeg skal skrive et par ord på en tør
eternal evening I shall write a few words on a dry

klipfisk, papir har jeg ikke, den skal jeg give eder
rockfish paper have I not that shall I give you

med til finnekonen deroppe, hun kan give
along to the woman from Finland up there she can give

eder bedre besked, end jeg!"
you better information than I

Og da nu Gerda var blevet varmet og havde
And when now Gerda was remained warmed and had

fået at spise og drikke, skrev lappekonen et
gone to eat and drink wrote the woman from Lapland a

par ord på en tør klipfisk, bad Gerda passe
few words on a dry rockfish bade Gerda to take care

vel på den, bandt hende igen fast på rensdyret og
well on it bound her again fast on the reindeer and
(of)

det sprang af sted. "Fut! fut!" sagde det oppe i
that jumped off place Fut fut said it up in
bound away

luften,helenattenbrændtededejligsteblå

the airwholethe nightburnedthemost beautifulblue

nordlys; - og så kom de til Finmarken og

northern lights and so came they to the Finland and

bankede på finnekonens skorsten, for hun

knocked on the Finnish woman's chimney for she

havde ikke engang dør.

had not even (a) door

Der var en hede derinde, så finnekonen selv

It was a heat there inside so the Finnish woman herself

gik næsten ganske nøgen; lille var hun og ganske

went almost totally naked small was she and all

grumset; hun løsnede straks klæderne på lille

dirty she loosened immediately the clothes on little

Gerda, tog bælgvanterne og støvlerne af, for

Gerda took the lined gloves and the boots off for

ellers havde hun fået det for hedt, lagde

otherwise had she gotten it too hot laid

rensdyret et stykke is på hovedet og læste så,
the reindeer a piece (of) ice on the head and read so

hvad der stod skrevet på klipfisken; hun læste det
what there stood written on the rockfish she read it

tre gange, og så kunne hun det udenad og
three times and so knew she it outside at and
(inside out)

puttede fisken i madgryden, for den kunne
put the fish in the food cupboard for that one could

jo godt spises, og hun spildte aldrig noget.
well good be eaten and she wasted never anything

Nu fortalte rensdyret først sin historie, så den
Now told the reindeer first his story then the

lille Gerdas, og finnekonen plirede med de
little Gerda's and the Finnish woman blinked with the

kloge øjne, men sagde ikke noget.
clever eyes but said not anything

"Du er så klog," sagde rensdyret; "jeg ved, du kan
You are so clever said the reindeer I know you can

binde alle verdens vinde i en sytråd; når
bind all the world's winds in a sewing thread when

skipperen løser den ene knude, får han god vind,
the skipper loosens the one knot gets he good wind

løser han den anden, da blæser det skrapt, og
loosens he the other then blows it severe and

løser han den tredje og fjerde, da stormer det,
loosens he the third and fourth then storms it

så skovene falder om. Vil du ikke give den lille
so the forests fall down Will you not give the little

pige en drik, så hun kan få tolv mands styrke
girl a drink so she can get twelve men's strength

og overvinde snedronningen."
and conquer the snow queen

"Tolv mands styrke," sagde finnekonen; "jo,
Twelve men's strength said the Finnish woman yeah

det vil godt forslå!" og så gik hun hen på en
that will well be sufficient and so went she away on a
   that will do much good   (to)

hylde, tog et stort sammenrullet skind frem, og
shelf took a large together rolled skin forth and

det rullede hun op; der var skrevet underlige
that rolled she up there were written wondrous
(open)

bogstaver derpå, og finnekonen læste, så
letters there on and the Finnish woman read so

vandet haglede ned af hendes pande.
the water hailed down off her forehead
(trickled)

Men rensdyret bad igen så meget for den lille
But the reindeer begged again so much for the little

Gerda, og Gerda så med så bedende øjne, fulde
Gerda and Gerda saw with so begging eyes full

af tårer, på finnekonen, at denne begyndte
of tears at the Finnish woman that that one began

igen at plire med sine og trak rensdyret hen i
again to blink with hers and pulled the reindeer away in

en krog, hvor hun hviskede til det, medens det fik
a corner where she whispered to it while it got

frisk is på hovedet:
fresh ice on the head

"Den lille Kay er rigtignok hos snedronningen og
The little Kay is truly with the snow queen and

finder alt der efter sin lyst og tanke og tror,
finds all there after his lust and thinks and believes
likes everything there

det er den bedste del af verden, men
that is the best part of the world but

det kommer af, at han har fået en glassplint i
it comes from that he has gotten a glass splinter in
it is caused by

hjertet og et lille glaskorn i øjet; de må først
the heart and a little glass grain in the eye they must first

ud, ellers bliver han aldrig til menneske, og
out otherwise remains he never to humankind and

snedronningen vil beholde magten over ham!"
the snow queen will keep power over him

"Men kan du ikke give den lille Gerda noget
But can you not give the little Gerda something

ind, så hun kan få magt over det hele?"
inside so she can get power over it all

"Jeg kan ikke give hende større magt, end hun
I can not give her bigger power than she

allerede har! ser du ikke, hvor stor den er? Ser
already has see you not how large it is See
don't you see

du ikke, hvor mennesker og dyr må tjene
you not how men and animals must serve

hende, hvorledes hun på bare ben er kommet så
her how she on bare feet is come so

vel frem i verden. Hun må ikke af os vide sin
well forth in the world She must not of us know her

magt, den sidder i hendes hjerte, den sidder i,
power it sits in her heart it sits in

hun er et sødt uskyldigt barn. Kan hun ikke selv
she is a sweet innocent child Can she not herself

komme ind til snedronningen og få glasset ud
come inside to the snow queen and get the glass out

af lille Kay, så kan vi ikke hjælpe! To mil
of little Kay so can we not help Two miles

herfra begynder snedronningens have, derhen kan
from here begins the snow queens garden there to can

du bære den lille pige; sæt hende af ved den
you carry the little girl set her off by the
(drop)

store busk, der står med røde bær i sneen,
large bush that stands with red berries in the snow

hold ikke lang faddersladder og skynd dig her
keep not long blabbering and hurry yourself here

tilbage!" Og så løftede finnekonen den lille
back And so lifted the Finnish woman the little

Gerda op på rensdyret, der løb alt, hvad det
Gerda up on the reindeer which ran all what it

kunne.
could

"Oh, jeg fik ikke mine støvler! jeg fik ikke mine
Oh I got not my boots I got not my

bælgvanter!" råbte den lille Gerda, det mærkede
lined gloves shouted the little Gerda that noticed

hun i den sviende kulde, men rensdyret turde
she in the sweeping cold but the reindeer dared
(cutting)

ikke standse, det løb, til det kom til den store
not stand itself it ran until it came to the large

busk med de røde bær; der satte det Gerda af,
bush with the red berries there set it Gerda off
(dropped)

kyssede hende på munden, og der løb store,
kissed her on the mouth and there ran large

blanke tårer ned over dyrets kinder, og så løb
white tears down over the animal's cheeks and so ran

det, alt hvad det kunne, igen tilbage. Der stod
it all what it could again back There stood

den stakkels Gerda uden sko, uden handsker,
the poor Gerda without shoes without gloves

midt i det frygtelige iskolde Finmarken.
middle in the dreadful ice-cold Finland

Hun løb fremad, så stærkt hun kunne; da kom
She ran forwards so strong (as) she could then came
(fast)

der et helt regiment snefnug; men de faldt ikke
there a whole regiment snow flakes but they fell not

ned fra himlen, den var ganske klar og
down from the heaven which was all clear and

skinnede af nordlys; snefnuggene løb lige hen
shining of northern lights the snow flakes ran straight away

ad jorden, og jo nærmere de kom, des større
at the earth and well closer they came the bigger
(the)

blev de; Gerda huskede nok, hvor store og
became they Gerda remembered well how big and

kunstige de havde set ud, dengang hun så
artful they had seen out that time she saw
looked

snefnuggene gennem brændglasset, men her var
the snow flakes through the fire glass but here were
(the magnifying glass)

de rigtignok anderledes store og frygtelige, de
they truly different big and dreadful they

133

var levende, de var snedronningens forposter;
were living they were the snow queens advance posts

de havde de underligste skikkelser; nogle så ud
they had the most wondrous shapes some saw out

som fæle store pindsvin, andre, som hele knuder
as ugly large porcupines others like whole knots

af slanger, der stak hovederne frem, og andre,
of snakes which stuck the heads forth and others

som små tykke bjørne på hvem hårene struttede,
as little thick bears on whom the hears stretched

alle skinnende hvide, alle var de levende snefnug.
all shining white all were they living snow flakes

Da bad den lille Gerda sit fadervor, og kulden
Then prayed the little Gerda her Our Father and the cold

var så stærk at hun kunne se sin egen ånde;
was so strong that she could see her own breath

som en hel røg stod den hende ud af munden;
like a whole smoke stood it her out of the mouth
(came)

ånden blev tættere og tættere og den formede
the breath became thicker and thicker and it formed

sig til små klare engle, der voksede mere og
itself to little bright angels who grew more and

mere, når de rørte ved jorden; og alle havde
more when they touched with the earth and all had

de hjelm på hovedet og spyd og skjold i
they helmets on the head and spears and shields in

hænderne; de blev flere og flere, og da Gerda
the hands they became more and more and when Gerda

havde endt sit fadervor, var der en hel legion
had ended her Our Father were there a whole legion

om hende; de huggede med deres spyd på de
around her they hacked with their spears on the

gruelige snefnug så de sprang i hundrede
horrible snow flakes so they exploded in hundred

stykker, og den lille Gerda gik ganske sikker og
pieces and the little Gerda went all assured and

frejdig frem. Englene klappede hende på fødderne
bold forwards The angels patted her on the feet

og på hænderne, og så følte hun mindre, hvor
and on the hands and so felt she less how

koldt det var, og gik rask frem mod
cold it was and went quickly forth towards

snedronningens slot.
the snow queen's castle

Men nu skal vi først se, hvorledes Kay har det.
But now shall we first see how Kay has it

Han tænkte rigtignok ikke på lille Gerda, og
He thought truly not on little Gerda and
(of)

allermindst at hun stod uden for slottet.
all less that she stood outside before the castle
(even less)

Syvende historie

Syvende historie.
Seventh   story

Hvad der   skete   i snedronningens slot, og hvad
What   there happened in   the snow queen's   castle and what

der siden skete.
there after happened

Slottets   vægge   var   af   den   fygende   sne   og
The castle's   walls   were   of   the   flying   snow   and

vinduer og døre af de skærende vinde; der   var
windows   and doors of the   cutting   winds   there were

over hundrede sale, alt ligesom   sneen   føg, den
over   (a) hundred   halls   all   like   the snow   fell   the

største strakte   sig   mange mil, alle belyste af
biggest   stretched themselves many   miles   all   lit   of
                                                                (by)

de stærke nordlys, og de var så store, så
the strong northern lights and they were so big so

tomme, så isnende kolde og så skinnende. Aldrig
empty so icy cold and so shining Never

kom her lystighed, ikke engang så meget, som et
came here happiness not one time so much as a

lille bjørnebal, hvor stormen kunne blæse op, og
little bear ball where the storm could blow up and

isbjørnene gå på bagbenene og have fine
the polar bears went on the back legs and had fine

manerer; aldrig et lille spilleselskab
manners never a little gaming company

med munddask og slå på lappen; aldrig en lille
with mouth strike and hit on the patch never a little
　　　card game terms

smule kaffekommers af de hvide rævefrøkner;
spot (of) coffee hullabaloo of the white fox ladies

tomt, stort og koldt var det i snedronningens
empty large and cold was it in the snow queen's

sale.   Nordlysene   blussede så nøjagtigt, at man
halls The northern lights   flared   so   precise   that   one

kunne tælle   sig   til, når de var på det højeste,
could   tell   himself to when they were on   the   highest

og når de var på det   laveste.   Midt   derinde
and when they were on   the lowest (point) Middle there inside

i   den   tomme   uendelige   snesal   var   der   en
in   the   empty   unending   snow hall   was   there   a

frossen sø; den var revnet i   tusinde   stykker,
frozen   lake   it   was cracked in (a) thousand   pieces

men hvert stykke var så akkurat lig det andet, at
but   each   piece was so precisely like the   other   that

det var et helt kunststykke; og   midt   på den
it was a whole   piece of art   and (in the) middle on   it
    (of)

sad snedronningen, når hun var hjemme, og så
sat   the snow queen   when she   was   home   and so

sagde hun, at hun sad i forstandens spejl, og
said   she   that   she   sat in   sense's   mirror and

at det var det eneste og bedste i denne verden.
that it was the single and best in this world

Lille Kay var ganske blå af kulde, ja næsten sort,
Little Kay was all blue of cold yes almost black

men han mærkede det dog ikke, for hun havde
but he noticed it however not for she had

jo kysset kuldegyset af ham, og hans hjerte var
well kissed the coldness off him and his heart was

så godt som en isklump. Han gik og slæbte på
as good as an ice clump He went and dragged at

nogle skarpe flade isstykker, som han lagde på alle
some sharp flat ice pieces which he laid on all

mulige måder, for han ville have noget ud
possible ways for he wanted to have something out

deraf; det var ligesom når vi andre har små
there of it was like when we others have small

træplader og lægger disse i figurer, der kaldes
tree slabs and lay these in figures that is called

det kinesiske spil. Kay gik også og lagde figurer,
the Chinese game Kay went also and laid figures

de allerkunstigste, det var forstands-isspillet; for
the most artful it was intellectual-icegame before

hans øjne var figurerne ganske udmærkede og af
his eyes were the figures all remarkable and of

den allerhøjeste vigtighed; det gjorde det glaskorn,
the highest importance that did the glass grain

der sad ham i øjet! han lagde hele figurer, der
that sat him in the eye he laid whole figures that

var et skrevet ord, men aldrig kunne han finde på
were a written word but never could he find on
find out how

at lægge det ord, som han just ville, det ord:
to lay the word which he exactly wanted that word

Evigheden, og snedronningen havde sagt: "Kan du
The Eternity and the snow queen had said Can you

udfinde mig den figur, så skal du være din egen
find out me that figure so shall you be your own

herre, og jeg forærer dig hele verden og et par
master and I gift you whole the world and a pair

nye skøjter." Men han kunne ikke.
(of) new skates But he could not

"Nu suser jeg bort til de varme lande!" sagde
Now swoosh I away to the warm lands said

snedronningen, "jeg vil hen og kigge ned i de
the snow queen I want away and peer down in the

sorte gryder!" - Det var de ildsprudende bjerge,
black cauldrons That were the fire spouting mountains

Etna og Vesuv, som man kalder dem. - "Jeg skal
Etna and Vesuvius which one calls them I shall

hvidte dem lidt! det hører til; det gør godt
white them (a) little that ought to that does good

oven på citroner og vindruer!" og så fløj
on top (of that) on the lemons and the grapes and so flew

snedronningen, og Kay sad ganske ene i den
the snow queen and Kay sat all alone in the

mange   mil   store   tomme   issal   og   så   på
many   miles   big   empty   ice hall   and   looked   at

isstykkerne   og   tænkte   og   tænkte,   så   det   knagede
the ice pieces   and   thought   and   thought   so   it   gnawed

i   ham,   ganske   stiv   og   stille   sad   han,   man   skulle
in   him   all   stiff   and   still   sat   he   one   should

tro   han   var   frosset   ihjel.
believe   he   was   frozen   to death

Da   var   det,   at   den   lille   Gerda   trådte   ind   i
Then   was   it   that   the   little   Gerda   stepped   inside   in

slottet   gennem   den   store   port,   der   var   skærende
the castle   through   the   large   gate   there   were   cutting

vinde;   men   hun   læste   en   aftenbøn,   og   da   lagde
winds   but   she   read   an   evening prayer   and   then   laid

vindene   sig,   som   de   ville   sove,   og   hun   trådte
the winds   itself   as if   they   wanted   to sleep   and   she   stepped

ind   i   de   store,   tomme   kolde   sale   -   da   så   hun
inside   in   the   large   empty   cold   hall   then   saw   she

Kay, hun kendte ham, hun fløj ham om halsen,
Kay she recognized him she flew him around the neck

holdt ham så fast og råbte: "Kay! søde lille Kay!
held him so fast and shouted Kay sweet little Kay

så har jeg da fundet dig!"
so have I then found you

Men han sad ganske stille, stiv og kold; - da
But he sat all quiet stiff and cold then

græd den lille Gerda hede tårer, de faldt på hans
cried the little Gerda hot tears they fell on his

bryst, de trængte ind i hans hjerte, de
breast they penetrated inside in his heart they

optøede isklumpen og fortærede den lille
thawed the ice clump and disintegrated the little

spejlstump derinde; han så på hende og hun
mirror shard there in he looked at her and she

sang salmen:
sang the hymn

"Roserne vokser i dale,
The roses grow in the dales

der får vi barn Jesus i tale!"
there get we children Jesus in tales

Da brast Kay i gråd; han græd, så spejlkornet
Then burst Kay in crying he cried so the glass grain

trillede ud af øjnene, han kendte hende og
rolled out of the eyes he recognized her and

jublede: "Gerda! søde lille Gerda! - hvor har
cried out happily Gerda sweet little Gerda where have

du dog været så længe? Og hvor har jeg været?"
you though been so long And where have I been

Og han så rundt om sig. "Hvor her er
And he looked round about imself How here (it) is

koldt! hvor her er tomt og stort!" og han holdt
cold how here (it) is empty and big and he held

sig fast til Gerda, og hun lo og græd af
himself fast to Gerda and she laughed and cried of

glæde; det var så velsignet, at selv isstykkerne
joy / that / was / so / blessed / that / even / the ice pieces

dansede af glæde rundt om og da de var
danced / of / joy / round / about / and / when / they / were

trætte og lagde sig, lå de netop i de
tired / and / laid / themselves / lay / they / exactly / in / the

bogstaver, som snedronningen havde sagt, han
letters / which / the snow queen / had / said / he

skulle udfinde, så var han sin egen herre, og hun
should / find out / so / was / he / his / own / master / and / she

ville give ham hele verden og et par nye
would / give / him / whole / the world / and / a / pair / (of) new

skøjter.
skates

Og Gerda kyssede hans kinder, og de blev
And / Gerda / kissed / his / cheeks / and / they / became

blomstrende; hun kyssede hans øjne, og de lyste
blooming / she / kissed / his / eyes / and / they / shone

som hendes, hun kyssede hans hænder og fødder,
as   hers   she   kissed   his   hands   and   feet

og han var sund og rask. Snedronningen måtte
and he was healthy and fast The snow queen might

gerne komme hjem: Hans fribrev stod skrevet
(as) well come home His free letter should written

der med skinnende isstykker.
there with shining ice pieces

Og de tog hinanden i hænderne og vandrede ud
And they took each other in the hands and walked out

af det store slot; de talte om bedstemoder og
of the large castle they talked about grandmother and

om roserne oppe på taget; og hvor de gik, lå
about the roses up on the roof and where they went lay

vindene ganske stille og solen brød frem; og
the winds all quiet and the sun broke through and

da de nåede busken med de røde bær,
when they came close to the bush with the red berries

stod rensdyret der og ventede; det havde en
stood the reindeer there and waited it had an

anden ung ren med, hvis yver var fuldt, og
other young reindeer along whose udder was full and

den gav de små sin varme mælk og kyssede
it gave the little ones its warm milk and kissed

dem på munden. Så bar de Kay og Gerda
them on the mouth Then carried they Kay and Gerda

først til finnekonen, hvor de varmede sig
first to the Finnish woman where they warmed themselves

op i den hede stue og fik besked om
up in the hot room and got information about

hjemrejsen, så til lappekonen, der havde
the home journey then to the woman from Lapland who had

syet dem nye klæder og gjort sin slæde i stand.
sewed them new clothes and done her sled in order

Og rensdyret og den unge ren sprang ved
And the reindeer and the young reindeer jumped by

siden og fulgte med, lige til landets grænse, der
the side and followed along right to the lands border there

tittede det første grønne frem, der tog de afsked
peeped the first green forth there took they goodbye

med rensdyret og med lappekonen. "Farvel!"
with the reindeer and with the woman from Lapland Farewell

sagde de alle sammen. Og de første små fugle
said they all together And the first small birds

begyndte at kvidre, skoven havde grønne knopper,
began to chirrup the forest had green buds

og ud fra den kom ridende på en prægtig hest,
and out from it came riding on a beautiful horse

som Gerda kendte (den havde været spændt for
that Gerda recognized it had been hitched before

guldkareten) en ung pige med en skinnende rød
the golden carriage a young girl with a bright red

hue på hovedet og pistoler foran sig; det var
cap on the head and pistols before herself it was

den   lille   røverpige,   som   var   ked   af   at   være
the   little   robber girl   who   was   bored   of   to   be

hjemme   og   ville   nu   først   nord   på   og   siden   af   en
at home   and   wanted   nu   first   North   on   and   then   of   an

anden   kant,   dersom   hun   ikke   blev   fornøjet.   Hun
other   side   there as   she   not   became   pleased   She
          (if there)   (would be)

kendte   straks   Gerda,   og   Gerda   kendte
recognized   immediately   Gerda   and   Gerda   recognized

hende,   det   var   en   glæde.
her   it   was   a   joy

"Du   er   en   rar   fyr   til   at   traske   om!"   sagde   hun   til
You   are   a   rare   chap   for   to   tramp   about   said   she   to

lille   Kay;   "jeg   gad   vide,   om   du   fortjener,
little   Kay   I   would like   to know   whether   you   deserve

man   løber   til   verdens   ende   for   din   skyld!"
(that) one   runs   to   the world's   end   for   your   sake

Men   Gerda   klappede   hende   på   kinden,   og   spurgte
But   Gerda   patted   her   on   the cheek   and   asked

om   prins og prinsesse.
about prince and   princess

"De   er   rejste   til   fremmede   lande!"   sagde
They are traveled to   foreign   countries   said
    (have)

røverpigen.
the robber girl

"Men kragen?" spurgte den lille Gerda.
With   the crow   asked   the   little Gerda

"Ja   kragen er død!" svarede hun. "Den tamme
Well the crow is   dead   answered she   The   tame

kæreste er blevet enke og går med en stump
lover   is remained widow and goes with a   piece

sort   uldgarn   om   benet; hun   klager   sig
(of) black wool yarn around the leg she complains herself

ynkeligt og vrøvl er det hele! - Men fortæl mig
pitifully and rubbish is it   all   But   tell   me

nu, hvorledes det er gået dig, og hvorledes du fik
now   how   it   is gone you and   how   you got

fat på ham!"
hold on him

Og Gerda og Kay fortalte begge to.
And Gerda and Kay told both two

"Og snip-snap-snurre-basselurre!" sagde røverpigen,
And snip-snap-snurre-basselurre said the robber girl

tog dem begge to i hænderne og lovede, at
took them both two in the hands and promised that

hvis hun engang kom igennem deres by, så ville
if she one time came through their town so would

hun komme op at besøge dem, og så red hun ud
she come up to visit them and so rode she out

i den vide verden, men Kay og Gerda gik hånd
in the white world but Kay and Gerda went hand

i hånd, og som de gik, var det et dejligt forår
in hand and as they went was it a beautiful spring

med blomster og grønt; kirkeklokkerne ringede, og
with flowers and green the church bells rang and

de   kendte   de høje tårne, den store by,   det var
they recognized the high towers   the large town   it   was

i   den   de   boede, og de gik ind i   den
in that one (that) they   lived   and they went inside in   it

og hen til bedstemoders dør, op ad trappen,   ind
and forth to grandmother's   door up on the stairs   inside

i   stuen, hvor alt stod på samme sted som   før,
in the room where all stood on (the) same place as   before

og   uret   sagde: "dik! dik!" og   viseren   drejede;
and the clock   said   tick tock and the pointers   turned

men idet de gik igennem døren, mærkede de,
but in that they went   through   the door   noticed   they

at   de var blevet voksne mennesker. Roserne fra
that they were become   grown   people   The roses from
              (had)

tagrenden blomstrede ind af de åbne vinduer,
the roof edge   flowered   inside of the opened windows

og der stod de små børnestole,   og Kay og
and there stood the small children's chairs   and Kay and

Gerda satte sig på hver sin og holdt
Gerda set themselves on each theirs and held

hinanden i hænderne, de havde glemt som en
eachother in the hands they had forgotten like a

tung drøm den kolde tomme herlighed hos
heavy dream the cold empty splendor at

snedronningen. Bedstemoder sad i Guds klare
the snow queen Grandmother sat in Gods bright

solskin og læste højt af Bibelen:
sunshine and read loud from the Bible

"Uden at I bliver som børn, kommer I ikke
Without that you remain as children come you not
If you don't remain like children

i Guds rige!"
in Gods kingdom

Og Kay og Gerda så hinanden ind i øjnene,
And Kay and Gerda looked each other into in the eyes

og de forstod på én gang den gamle salme:
and they understood at one time that old hymn

"Roserne vokser i dale,
The roses grow in dales

der får vi barn Jesus i tale."
there get we children Jesus in tales

Der sad de begge to voksne og dog børn,
There sat they both two adults and still children

børn i hjertet, og det var sommer, den varme,
children in the heart and it was summer the warm

velsignede sommer.
blessed summer

www.ingramcontent.com/pod-product-compliance
Lightning Source LLC
LaVergne TN
LVHW011331080426
835513LV00006B/280

9 781988 830292